EL TIEMPO NO SE DETIENE

Poemas

Germán Echevarría

Colección Exit narrativa

© de los textos:Germán Echevarría
© de la presente edición: Exit editorial
© Diseño y maquetación de portada e interior: Exit
© Imagen de Portada y Contraportada: Aitor Aguirre.

BLB CONSULTORES REGISTRALES E HIPOTECARIOS S.L. B86927563
Calle Chopos, 31, 28221 Majadahonda
Teléfono: 616985408 / 673161172
Email: comunicacion@exitcomunicacion.com
Página Web: www.exitcomunicacion.es

Primera edición julio 2024
ISBN: 978-84-128076-7-7
Depósito legal: M-17704-2024
Impreso en España

Para el Dr. José Félix Rubia, médico de corazón y psiquiatra de vocación, con mi agradecimiento siempre.

Para Kerman, corriendo en las olas, en la ventana del instituto, y siempre.

ÍNDICE

.

"Recordar es la única manera de detener el tiempo"
Pensamientos (A. Schopenhauer)

Y yo, con los lagrimales secos,
buscaba una razón
para llorar
y la encontraba siempre
en mis poemas.
La plenitud del vacío (Juan Antonio Masoliver)

Deja que la corriente del Tiempo limpie tu memoria herida.
(Texto de una pintada, en una pared junto al puente de la
Merced)

¿Cuándo se convierte el pasado en pasado?
La alquimia del tiempo (John Banville)

"aún hoy, somos nosotros"
Ojo de Monje (Cees Nooteboom)

"Todo lo que dijimos hizo su efecto,
aunque no recordemos nada"
Mensaje WhatsApp *(Lydia Mayeur)*

A MODO DE PRÓLOGO (I)

Este es un Poemario, que a veces incluye una segunda voz.
Los poemas, versos, párrafos, diálogos, conversaciones, líneas intertextuales, textos de WastsApp etc que figuren en este Poemario <u>en letra bastardilla</u> pertenecen y son obra exclusiva de <u>Lydia Mayeur,</u> lo mismo que las descripciones de algunas terapias o recomendaciones terapeúticas o las descripciones relativas a la Terapia "Las vias Sanadoras de las manos" que puedan figurar en este texto.

Este LIBRO es acerca del Tiempo. En mi primer poemario MEMORIA LIRICA (2003) incluida este párrafo acerca de mi poesía: "Se trata de una poesía de sedimento más que de argumento. A través de una misma línea lírica pueden aparecer segundas y terceras voces y siempre el curso del Tiempo como sustento de la realidad vivida y el Tiempo que al cabo todo lo borra. Es en esa tensión del vivir donde esta poesía abre su brecha a la emoción".

Los textos de Lydia, tratan sobre todo acerca de la idea poética, espiritual y sorprendente, que el tiempo puede casi detenerse en el "ahora", incluso, al decir de los VEDA, puede no ser más que otra apariencia, algo que solo existe en nuestra mente.

Que el *instante es "Instante perfecto",* Es la base de ese pensamiento y esa aceptación positiva de la realidad.

(A mí me sorprende y me atrae, y tiene su base curativa, pero me es muy difícil tenerlo asumido en lo cotidiano, se requiere practicarlo durante años).

Yo me he "criado" en la filosofía del esfuerzo, del no rendirse, del "vita es milicia" de San Ignacio, del sustrato católico del examen y la culpa, de que el tiempo se nos escapa...

Soy un alumno difícil para estas terapias, pero poco a poco su orientación general, me ha interesado. El fondo espiritual del insondable pensamiento hindú, y su proyección curativa... La "curación por el déjate llevar, la postura y la respiración consciente", el amor como núcleo del vivir, la contemplación etc.

Luego me han interesado las lecturas de los veda, y los upanishads, como pura poesía que he procurado leer en lo posible.

A MODO DE PRÓLOGO (II)

Es un poemario de Poemas muy diversos, de poemas de diferentes métricas y rimas y de textos en verso libre, llegando a veces a la prosa poética o formas intertextuales.

Lo atraviesa el paso del tiempo. Desde los recuerdos y la melancolía que llegan desde la lejana adolescencia y juventud, al volver a recorrer ciertas calles, ciertos lugares, desde el recuerdo de las personas que formaron parte de nuestra vida y a las que seguimos queriendo, estén con nosotros o hayan muerto.

Hay versos o "inspiraciones" en el caso de Lydia, que son inspiraciones tras retiros de silencio, tras meditaciones.

También hay versos del tiempo que vivimos ahora. Tiempos convulsos, cercana, vigente todavía, la pandemia y los seres que nos dejaron, de una forma u otra, estos últimos años.

Y más, ahora días sobrecogedores con una guerra en Europa, otra en Palestina, cercanas, bajo las imágenes vistas casi en directo, de la destrucción y sus millares de víctimas, y de millones de refugiados, la mayoría niños y madres y ancianos, que huyen, sin refugio. Otros permanecen bajos escombros de ciudades arrasadas.

También el "mare nostrum", se llena día a día de tragedias con cientos y ya miles de muertos, mujeres y niños, intentando escapar del hambre, la guerra y la miseria.

Y el temor escondido a la amenaza nuclear: "he devenido muerte... el destructor de mundos".

El sordo sonido de un mundo que parece estar derrumbándose.

Este es el mundo y nuestro Tiempo, que parece avanzar hacia un futuro agónico.

Y nos aferramos a la vida, a la poesía, como sentido y como esperanza.

La poesía permite compartir y hablarse como si estuviésemos mirándonos a los ojos.

Como dice Ibrahima Balde, enternecedora imagen de un migrante en busca de su hermano, en el libro Miñán, "en su tierra cuando se habla sin mirarse a los ojos las palabras se caen al suélo".

Estos versos quisieran también mirar a los ojos.

En el poemario se plantea la <u>Percepción</u> de que "El Tiempo no se detiene" y se contrasta con la <u>Concepción</u> del Tiempo como presente perpetuo. La vida en la memoria o en el ahora.
Y el improbable futuro.

Son también mensajes que encontramos en algunos Upanishads.

Los poemas recogen el ansia por la sanación corporal y espiritual, por el cántico a la vida a pesar del paso de los años, por el "desnudo", el naturismo como prueba de salud y el "desnudo del alma", de la necesidad de compartir lo amoroso, por la necesidad de la cercanía de los cuerpos y almas, la necesidad de los abrazos, aunque sea en la distancia, por la necesidad de Iluminación y de Vida, el ansia por el paisaje en la orilla del mar ó de la playa de Vera en el invierno, por las pausas de su luz abierta a lo desierto ó el resbalar de la luz, entre los robles, en la ladera de los montes que amamos.

Se alude a dolores que impiden pensar, al miedo al crecimiento de un aneurisma, a otros miedos por los golpes a la salud, a la búsqueda de serenidad y sosiego, descanso, al verdadero recogimiento que se quisiera alcanzar en la percepción poética.

Se alude a la actitud humilde hacia la sanación, y del encuentro inesperado de personas muy cercanas que se conocen por casualidad. A la postura del cuerpo y el alma y a la respiración consciente.

Y a ese Bilbao que se ensimisma, y nos ensimisma, a veces, gris bajo la lluvia, o cuando se despliega con el buen tiempo hacia entornos luminosos, junto a su ría y sus mareas.

Estos Poemas comparten la concepción de la Poesía de las Vivencias, algunas veces confesional, otras nostálgica, otras poesía de silencios y de la búsqueda de la postura vital correcta y alivio del corazón y la mente, en este tiempo.

PRÓLOGO III

Este libro con dos voces
y una sola poesía.
Versos que fluyen y se unen
en un abrazo a la vida.

Versos que tratan del Tiempo
desde varias perspectivas,
desde pensar que no existe,
a sentir que pasa rápido
y te va dejando heridas.

Hay poemas con dos voces,
y el Tiempo los atraviesa.
Unos con otros componen
esta vital experiencia.

I

"ES TIEMPO DE QUE SEA TIEMPO"

(Amapola y memoria) PAUL CELAN

HAY UN MOMENTO

El tiempo no se detiene.

El Tiempo, como la vida, nunca se detiene.

A veces parece entrar en una momentánea pausa, pero es solo un sueño.

Tampoco el agua de la ría de detiene.

La ría bipolar,

sube o baja con las mareas.

Hay un momento, que parece pararse,

sólo es el instante en que cambia la marea.

MUELLE DE MARZANA

Creíste caer al bajar por la escalera,

resbalarte, caer hasta el agua.

Sin embargo, delirabas, en medio de tu confusión,

con que atravesabas la ría,

el cauce oscuro que reflejaba las luces muertas a tus pies…

Te falta el brazo izquierdo.

Pero hace tiempo que eres manco.

Estas borracho y casi es ya la madrugada.

Te apoyas con el hombro en la pared, necesitas orinar, sin caerte.

Estas meando sangre.

DISTORSIÓN

Tomé apuntes y notas en la libreta azul.

Hace un año, era ayer.

El tiempo, el tiempo

se distorsiona.

Basta volver hacia atrás, recordar

y ayer es hoy,

o parece que aún no ha sucedido.

Tomé apuntes

porque el tiempo también se anticipa

borra lo que percibíamos hace un momento,

lo que todavía hoy no hemos visto.

VIEJO BILBAO REVISITED

Llueve durante varios días, sin parar.

Las aceras reflejan las luces de un Bilbao espectral.

San Francisco, Las Cortes, la antigua Palanca, las viejas minas,

la de san Luis y el horno de calcinación de carbonatos de hierro,

conservado como monumento en la plaza Saralegi,

Bilbao La Vieja,

virutas de hierro, almacenes de chatarra,

balcones con prendas aún colgadas.

Subes por la plaza de la Cantera, hasta nuevas construcciones,

viviendas nuevas que van bajando hasta casi San Antón,

hasta tocar la ría, atravesando calles de un antiguo barrio degradado.

El tiempo no se detiene,

y sin embargo a veces forma meandros

que la memoria aún reconoce,

donde determinados fermentos permanecen

abandonados, pero protegidos del olvido.

EL RUIDO DEL TIEMPO (CONSIDERACIONES)

"ni el pasado ni el futuro están ya aquí".
"no tenemos por qué esperar al futuro.
Sonreímos y nos relajamos.
Todo lo que deseamos está aquí,
en el momento presente".

Thich Nhat Hanh (*Hacia la paz interior*).

Sólo para Dios no existe el Tiempo.
No hay atrás, ni adelante, ni ahora.
Todo sucede simultáneamente. Todo está. Es. No es posible
que suceda nada más.
Solo el Dios hecho hombre, el Dios Crucificado, entró en la
Historia.
O fue sólo el Jesús moribundo.

Nosotros fuimos arrojados al tiempo.
Al ser expulsados del Paraíso, caímos en el Tiempo. El tiempo
humano que trascurre entre la vida y la muerte.
Nuestra existencia se hizo finita, atormentada por el ruido del
tiempo.
Comienza. Acaba.
En el trayecto que nos marca el tiempo están, como perennes
recordatorios, las señales de la Muerte.
El Tiempo no se detiene, ni retrocede.
El Porvenir no es largo.

Bergson nos dijo varias cosas para pensar:
"pero la flecha no está nunca en ningún punto de su trayecto"
"Retener lo que ya no es y anticipar lo que aún no es, es la
primera función de la conciencia"

24

"El instante no es más que el límite, puramente teórico, que separa el pasado del futuro".

El ahora no nos pertenece
entre nuestro pasado inmediato
y nuestro futuro inminente.
No lo marca el reloj,
el segundero no se detiene.
¿Lo que llamamos ahora es una ilusión?
¿O es lo único que no es una ilusión?

Leo a Bergson:
"Estamos apoyados en ese Pasado y nos inclinamos hacia
ese Futuro".
"Apoyarse o inclinarse, así es lo propio de un ser consciente".

Pero el *ahora* casi es sagrado en la filosofía oriental. Hay que alcanzar el *ahora*. Los pensamientos son innecesarios. Mediante la meditación y la respiración se llega a la realidad y se detiene el tiempo. El tiempo traza los círculos del "samsara", del mundo que nos rodea y ensordece con su ruido. El silencio inicia el paso hacia el Nirvana.

El estado del "ahora" se puede alcanzar a través de la meditación, la iluminación, la supresión del deseo y el sufrimiento. Salimos de la corriente del tiempo. ¿El hombre, como Dios, podría existir sin existir el tiempo?

Upanishads, Upanishads, me he ido acercando últimamente, muy poco a poco, a algunos aspectos de esta milenaria doctrina hindú. Filósofos y poetas. Desde mi necesidad de sobrevivir, de descanso, de contener el dolor de pensar, de mantener mi contacto con la naturaleza.

Pero la Física, ahora, en su camino de sustituir a la Filosofía, llega a establecer últimamente que el Tiempo no existe.

Dice que, a pesar de nuestra percepción, no se puede concluir que existe, ni sea cierta la sensación de que fluye, ni delimita nuestra vida. El espacio-tiempo es una ilusión y todo existe en el momento presente. El Tiempo es una propiedad del universo.

Pero nosotros somos humanos y no nos sucede todo simultáneamente. Eso pasa en la mente de Dios, ó la Física infinita.

Al final volvemos a la idea primigenia que "el Tiempo es el sueño de Rama", que es una expresión poética, que puede significar muchas cosas, con muchos matices.

Responde a la pregunta:

¿"Existe el tiempo o existe sólo el "ahora" inabarcable y por tanto incomprensible"?

Se ha hecho tarde. Ha oscurecido, las calles están casi vacías. Es tarde para coger un autobús.

TIEMPO Y LITURGIA

Para I.R.

Tiempo y liturgia.

Las estrellas se han apartado de mis ojos,

queda el curso de la brisa y de las olas.

¿He olvidado algo?

No encuentro la luna a mi costado.

El mundo se ha ido apagando.

Como entonces, he confundido mi tiempo.

PRIMAVERA DURA DE PASAR

La primavera

es estación dura de pasar,

salimos del máximo del yin

vamos hacia el máximo del yang.

Estación del viento,

del verde,

de la rabia,

del hígado

y la vesícula biliar.

MÁS ALLÁ DEL BOSSON DE HIGGS

Era entonces la última de las diecisiete partículas elementales,

la llamada partícula divina, durante tiempo puramente teórica.

En 2012 se consiguió detectar, real. Era cierta.

Los aceleradores de partículas continúan acelerando,

avanza la Física de las partículas subatómicas.

La materia. Lo que creemos realidad.

Esa materia sólo compone el 5% del universo.

El resto del cosmos es materia oscura (27%).

Y el otro resto es energía oscura (68%),

totalmente desconocida, pero necesaria para sustentar el Universo.

Vivimos entre abismos. Sostenidos por nuestra mente.

No materia. No tiempo. Sólo pensamiento y consciencia.

Conocemos el 5% de la Materia.

¿Y del Tiempo?

Nos parece que no se detiene,

pero quizá sea estático, sin antes ni después.

Es así como lo ve Dios. Así lo hizo.

¿O es que no lo hizo?

Solo Materia.

Y nuestra vida.

MEMORIA Y LIBERACIÓN (UN PULSO AL VACÍO)

Para Ch.E.

Paul Celan tituló su obra "Amapola y memoria".

Amapolas. Siempre tuve en la memoria aquellas amapolas

que vi de niño

bajo un cielo de tormenta

mientras iba sentado en un carro de bueyes.

Ahora, de pronto, recuerdo la orilla del Bósforo.

Los paseos interminables por el Campo Volantín, a la noche,

repitiendo el camino, Txabi, de tu casa al Ayuntamiento,

y volver de nuevo, continuándo lo que estábamos hablando.

Después, los domingos grises desde la ventana.

La foto en que estamos los cuatro en el banco del Campo Volantín.

Más tarde, años después, el retorno en coche, avanzada la noche,
hacia la frontera.
La marea de la ría que cruza Bilbao.

La tarde en que contemplé ensimismado el "Arno bello".

Esperar desde Archanda, como se oculta el sol hacia el Abra, y
el Cantábrico,
y el brillo de la ría que divide Bilbao.

Ahora, al cabo de muchos años, espero que la luna asome al
final de mi calle,

31

y me doy cuenta que a esa edad ya estaba todo, todo, era cuestión
de saberlo.

Sé *que la rendición, se rinde*

y quizá sea la verdadera liberación.

Pero he querido ser libre.

La libertad, libera.

El dial permite sintonizar,

la percepción, percibe.

EL SENTIDO DEL POEMA

Para JF. Fdez A.

El poema estaba, bastaba reconocerlo.

El poema empieza, muy desde atrás,

desde percepciones de un niño

y sigue aún, a veces oculto, a veces tortuoso, a veces amoroso,

a veces turbio, a veces triste, a veces luminoso y preciso.

A través y a través de los tiempos cambiantes de la vida,

y ahora, en la última parte, el poema, intenta encontrar un cauce
final,
libre de toda retención, al margen de norma ya,

en asonante, en consonante, con o sin métrica,

construido soneto, o pequeños poema instantáneos,

tardíos, a veces dos líneas, o fragmentos.

Pero quisiera que esos versos fuesen cercanos a mi naturaleza y
a mi espíritu,
cerca de la contemplación y a la vez, cerca del recuerdo,

"en la estación de las lilas", muchas veces inevitablemente

teñidos de melancolía.

Poemas que necesitan ser bendecidos

por alguien que los lea

y los comprenda,

y quizá reciba alguno *como un regalo.*

Ese es el motivo que debe servir

ese es el trazo, el acento,

que llega al alivio,

ése es el sentido del poema.

LA VERDADERA REALIDAD

Después, ¿¡quién sabe!?

en esa definitiva rendición aceptada,

en ese instante,

en ese tiempo imposible detenido

del corazón al pararse…

cuando la línea del encefalograma sea plana,

y la imagen de la retina se vele con los párpados abiertos,

quién sabe si una glándula podrá empezar a funcionar en el cerebro,

si sinapsis desconocidas mantengan un pulso al vacío,

si el desconocido no-tiempo será tiempo en otra dimensión abierta
                                                    o paralela,
si Dios nos estará esperando,

si captaremos, en ese instante detenido, como un estallido interior,

el absoluto, Brahman, Dios, la verdadera realidad.

TRAS UNA VIDEO LLAMADA

Texto VhatsApp

"Todo lo que dijimos hizo su efecto,

aunque no recordemos nada".

CAIDA EN EL TIEMPO (*)

Para A. M.

No intentes buscar en el futuro

lo que ya fue del pasado,

no intentes recuperar el tiempo perdido.

Ni la verdadera patria, que fue tu infancia.

Ahora, el futuro es corto,

es sólo una probabilidad.

Estás en el vértice de la pirámide de la edad,

el futuro te es además inseguro.

Has caído en el tiempo, y llega al final.

Entretanto sólo te queda ¿el presente?

¿mañana?… casi fuera de la realidad,

como una alucinación.

(*) E. M. Cioran

MUCHO, SÍ, MUCHO

Para B. A.
"no hay dos noches parecidas,
igual mirada en los ojos,
dos besos que se repitan."
(Llamando al Yeti). *W. Szymborska*

Recuerdo aquellos días. Un abrazo,

una época de libros compartidos,

películas, paseos mantenidos,

los días que dejaron aquel trazo

que figura en la línea de la vida.

Conocer lo que el tiempo nos enseña

entender del pasado aquella seña,

que en el recuerdo queda mantenida.

Se ha muerto Salvador, que te apreciaba,

amigo mío desde muy antiguo.

El mundo se nos hace más exiguo,

y va perdiendo lo que sustentaba.

Pasa el tiempo. Conservas mi amistad

y sabes que la tienes de verdad.

NOCTURNO ATEMPORAL

Para B.

Aroma de algas

y rumor de estrellas.

Mi vida, era mi vida

cuando tú estuviste cerca.

BORDEANDO LA ORILLA (TERAPIA NUDISTA EN VERA)

I

Con paso lento en la orilla

voy con los ojos cerrados

junto al romper de las olas

la brisa alivia mis párpados.

II

El murmullo de las olas

a lo largo de la orilla.

Desnudo voy en invierno

por esta playa vacía.

III

En este extremo del mundo

en la esquina de Almería

donde el invierno se templa

con el sol del mediodía.

IV

Comentaste dos sonetos

amplías mi poesía,

les das fondo, perspectiva.

Lo que me dices me inspira.

V

Un remedio natural

el aire, el masaje, el mar

para un cuerpo que es mayor,

aprender a respirar.

VI

"Tus estrellas,

tu mundo,

tu melancolía,

tu poesía"

Por esto me preguntaste

y yo no te conocía.

ESTELA FUNERARIA, MEMORIAS TARDÍAS
(A LA MEMORIA DE J. OTEIZA E ITZIAR)

Para I.R.

La variante ovoide de la deconstrucción de la esfera, permanece junto a la ría.

En realidad era una estela funeraria y creo que siempre lo habías intuido.

Para Itziar y para ti. Y en Bilbao.

Y quizá también para algún otro amigo perdido, porque la esfera se vacía como vaciaste los apóstoles, porque nunca te alejaste mucho de La Piedad, de la Madre con el hijo muerto.

Cuando murió Itziar cogiste la pistola y gritabas ¿Hasta cuándo? ¿Hasta cuándo? pero ahora tu voz no era la de un revolucionario. Era la de un místico.

Desde esta estructura de hierro, aérea que ahora traspasa la fina lluvia evoco la doble cruz que vi sobre vuestras tumbas; también llovía en Alzuza. El silencio del museo se confundía con la blanda lluvia. "Sé que volaré". Siempre fuiste poeta, toda la vida, y te expresabas, cuando querías, poéticamente.

Tu vida había empezado en muchos sitios. Pero tenías un refugio perenne, tu vacio protegido del alma vasca. Aquella mañana Itziar te ayudaba a ponerte los calcetines.

Recurrías a la metafísica de la esencia, indicando un futuro que señalabas levantando el bastón. No creíste en el transcurso del Tiempo. Pensaste también que sólo era el sueño prehistórico.

Delante del público, en la exposición de Madrid amenazaste con destruir allí mismo tu propia obra a bastonazos, si no se cambiaba de sitio el Acteón. Fuiste también el Quijote. Y ferviente adorador de Velázquez.

A tu manera metido en los agujeros de la arena en la playa de Orio, de niño, percibiste el hueco prodigioso de tu futura escultura, el vaciado para encontrar el alma.

A veces volvías solo, a ese hueco de la niñez que ella mantenía en su corazón para ti.

Escribiste en "Itziar. (Elegía)":

"yo tampoco he tenido no tengo

otra vida que la tuya"

INSPIRACIONES

Fue muy bonito retiro.

Me permitió vincular la técnica teórica de la meditación al
                              misterio de la vida
y sorprenderme de un nuevo discernimiento.

Mis vivencias y experimentos en este espacio que parece un
                              laboratorio disecando
las manifestaciones cuerpo

> *"La respiración se hace sola*
>
> *Se respira a ella misma*
>
> *La inspiración se inspira*
>
> *Y me exhala".*

Las molestias se molestan a ellas mismas

Los dolores se duelen.

Los pensamientos se piensan a sí mismos.

> *No me involucro.*

Es el hambre el que tiene hambre.

El miedo el que tiene miedo.

El amor el que ama.

El baile se baila a sí mismo.

   Me aparto.

Es el cuerpo el que se masajea

la curación se cura

El alivio que se alivia.

Todo está aquí, desde el principio.

No hay nada que hacer.

   La rendición se rinde.

CONSIDERACIONES (PARA DOS SONETOS)

Su aroma,

pinta colores,

alivios,

espacios y silencios.

Un regalo que surge de la nada y llega a todo.

(Agradecida y sonriente).

Soneto "Contacto curativo" creado evidentemente con el impulso de la energía de un corazón armonioso.

Soneto "Entorno"… trasporta a un espacio, al vacío que está lleno de silencio melodioso y de alivio. Un suspiro… de alivio.

SIEMPRE SABE DONDE ESTOY

Para Ch. y F.

Quiero vivir tan solo, un solo no hacer nada.

Pero el poema me dice: anota, ya lo trabajarás luego.

Huyo, estoy viendo el partido,

estoy oyendo un debate,

estoy jugando a las cartas,

estoy cocinando un arroz con mejillones,

huyo del poema y él me encuentra,

al oír el cuarteto,

al leer una novela, al pasear

entre las soledades,

bajo la lluvia silenciosa.

Me ha encontrado esta noche

cuando la luna salía

roja y redonda desde el mar oscurecido.

Había huido, dejado atrás poemas sin trascribir, libros de poesía
a falta de corregir.
Pero el poema me encuentra otra vez, al empezar el sueño,

alertándome del trascurrir de la vida.

LA MISMA CAMA BASTA

Para B.

Si escribo este poema

es para volver a ese rincón secreto.

Secreto porque están resguardados,

momentos de intimidad y de cercanía.

Allí están. Me hacen pensar en ti

de nuevo, como entonces.

Con el paso de los años

siento que el paso de la vida

conserva ese lugar, y esa suavidad afortunada de los cuerpos.

El resbalar de mi mano sobre tu piel,

el reposo tumbados, juntos,

una misma cama basta,

de noche a noche, de tiempo a tiempo.

Siento que va llegando el día,

aún despacio, el día, la luz sostenida otra vez.

Tú, que vuelves a adormecerte.

II

CAMINAR SOBRE LAS AGUAS

"TIME FOR A TIGER" (*)

Para I.E.

Haber viajado al lado de Aladino,

navegar el espumoso Ponto con Ulises,

viajar a la Córdoba mítica

o al Estambul prohibido.

Atardecer en Venecia.

Permanecer un rato en el Ponte Vecchio florentino,

ante el Arno bello.

Atardecer mirando la Plaza de México, desde la balconada del
hotel.

La noche solitaria de Moscú.

El mundo aquel, en aquel tiempo.

Ahora, oigo la voz de Enrique Morente,

en Malasaña, en Madrid,

tomando una cerveza.

¿Es tiempo de escribir lo que a uno le viene en gana?. "Time for a Tiger". Ya no queda nadie a quien pedir permiso. No busques utilidad. *"La utilidad de lo inútil"* (**) si consigues expresar lo que existió en un momento de iluminación, lo has conseguido.

De aquí en adelante no es preciso volver. Ser libre es ser capaz de empezar de nuevo, aunque la esperanza sea corta y larga la memoria.

De lo contrario, seguimos esperando ante la Puerta abierta del Tribunal, a donde nadie más se ha acercado.

Quedamos ante el espejo de nuestra propia vida, desarrollándose hacia atrás.

¿Aún podríamos recuperar aquellos días? Ahora ya no estarían envueltos en el miedo.

(*) Novela de Anthony Burgess
(**) "La utilidad de lo inútil"
(Nuccio Ordine)

NOCTURNO
(TODAVÍA ERA AYER, TODAVIA ESTABAS VIVO)

Mañana comenzará octubre. También ratos de ansiedad, al estar aquí y Miguel a mil kilómetros. Se va haciendo de noche.

Incertidumbre por su nivel de saturación en sangre y su estado general, temiendo que le puedan ingresar y yo me encuentre tan lejos.

Desde la playa el mar era azul claro, hace un rato, con "charcos" casi blancos dispersos en la superficie. Oscurece algo más y la luna desde el borde del horizonte marino inicia su ascenso, enorme, anaranjada, y un luminoso sendero; una escondida senda se va distinguiendo en el agua.

La sensación de salir de la ducha al balcón, a la noche, para secarse; sentir el aire aún cálido que permite estar desnudo.

Mañana, temprano llamaré a Miguel.

COMO UNA DANZA TÍMIDA QUE DUDA...

(Acabo de leer tu mail, gracias por la buena composición, pre-sentación y contenido)

Lo leí sin parar

y experimenté un ligero mareo

en algunos... tiempos,

oscilando

como el tic-tac del reloj,

esta aguja que a punto de avanzar,

se queda vibrando en el sitio

y tal vez regresé un poco atrás.

Perdiendo los puntos de referencia habituales.

Como una danza tímida que duda

en su mover,

en las direcciones

hasta que descubra que las posibilidades son infinitas,

y cualquiera elegida... es perfecta.

También escribí sin parar, no me releo,

así se queda... perfecto.

PARAR LA VIDA

Para L.E.

Barren las olas la alargada orilla,

la playa en solitario, el cielo raso,

un día más en el que sigo el paso,

entre el sol y la espuma. Maravilla

sentir el salitre y la suave brisa.

Un día más de par en par abierto

al mar, al cielo, al horizonte cierto.

Y serenarse donde nunca hay prisa.

Aquí vengo buscando la quietud,

aquí vengo para "parar" mi vida.

En Vera busco un tiempo a la medida.

El nadar, el andar y la salud,

poesía, ánimo, serenidad,

la desnudez del cuerpo y la verdad.

DECLARACIÓNES

Declaración:

Dice Robert Frost que "puede trabajarse un poema una vez que ya existe".

Declaración:

Farruquito, en una entrevista, en el País digital, 21/7/18:

"No soy flamenco típico, no soy un gitano típico, no soy un español típico…(esto para antes de empezar a hablar)"

Declaración:

Acerca del naturismo en una edad tardía. Y el nudismo como factor de sanación.

Sensación de bienestar a la noche, con una temperatura agradable que permite volver desnudo a casa.

No hay un enfermizo pudor y uno puede sentir cuerpo y alma en contacto.
Lo escribo ahora, como una oración.

Luz frente a las tinieblas de la mente,

la memoria frente a la enfermedad del olvido.

Desnudez frente a las camas repletas

en las Residencias, las sábanas

llenas de humedad, de enfermedad y vejez.

Declaración:

A Dios rogamos el cuidado y la salud,

desnudos de nuevo,

ya seamos cristianos o hindúes,

mirando las quietas estrellas

o mirando durante horas el fluir del Ganges,

o mirando los ojos de un gato,

o teniendo compasión.

Declaración:

"La percepción de la belleza es una fortaleza psicológica", dijo el psicólogo.

Declaración (Upanishads):

"El ciclo de la vida, que llaman el *samsara* no es más que la mente.

Mantenla siempre limpia,

pues uno se convierte en aquello que piensa".

SÉ

Sé las cosas que me quiebran
y rompen el entusiasmo.
No puedo dejar que me hundan
tengo que tener cuidado.

Yo quiero ser verdadero
y además, ser acertado.
Yo quiero ser razonable
sin quiebras, sin amargura,

sin parecer que me roza
una sombra de locura.

WHATSAPP DE FELICITACIÓN DE NAVIDAD, DESDE VERA

"... ganas de disfrutar de todo,
de todo... todo, todo".

Estoy en camino al mar,
hace un tiempo muy dulce,
muy apaciguable,
y está todo como en pausa.

Dentro del abatimiento,
de no saber qué me pasa,
veo ese derrumbadero
que otra vez es amenaza.

Otra vez y sin remedio,
el alma se me vacía.
Basta con unos minutos
y después son muchos días.
He visto el video, la orilla,

y he escuchado las palabras

que has mandado en tu mensaje.

Ahora las he vuelto a oír,

ahora me son necesarias.

Se oye el ruido de la mar

en esa orilla desierta,

una claridad de invierno

que en esa luz se refleja.

Es una mañana en pausa

desde lejos, desde cerca.

TIEMPOS PERDIDOS, DOMINGOS PERDIDOS

Para M.P.

Me han abandonado los sueños,

pero no la melancolía.

Llovizna débilmente,

el cielo nocturno refleja la claridad de la noche

y de las calles

que han ido anocheciendo sin notarse apenas.

En ti me refugio, fiel melancolía,

mientras vuelvo, en la tarde de domingo, que va acabando en la
blanda lluvia.

Se han borrado los sueños,

pero la tristeza me acompaña.

Aunque procuro no pensar

aunque procuro que mi mirada quede estática,

dejando que la realidad sea "ahora",

sin el peso de los tiempos perdidos.

Las páginas de Modiano,

las inabarcables tardes de domingo,

bajo el cielo gris de invierno,

las calles casi vacías,

el sirimiri que llega

a medida que oscurece en Bilbao.

Es la misma melancolía de entonces,

no hay sueños ahora que la distorsionen,

solo quedan los pasos en la acera ahora más lentos,

el sentir solitario de los domingos perdidos.

VIEJA LUNA

Para J.Z.

Vieja luna, luna llena,
hoy cruzas la calle Henao.
La misma luna de Vera,
"vieja luna de Bilbao".

Otra vez estoy al borde,
soledad y vertedero,
al otro lado basuras,
a éste, nada verdadero.

Otra vez vuelve el peligro
que yo percibo de nuevo.
¿Son pensamientos intrusos
que te anulan por entero?

Vieja luna, el tiempo pasa,
yo tengo tu calendario,
y si te miro ferviente
es para decirme: ánimo.

DON

¿Es que tienes un don

o es el don quién te posee?

Contesté que para mí

era una cuestión sin respuesta.

Te agradezco lo escribieses,

porque cierto, es un don cierto,

lo tengas o te posea.

Te ayuda a ser,

te permite percibir con más intensidad,

reconocer la emoción

y el punto de entusiasmo y alegría.

Compartir la poesía,

también en la cercanía

y también en la distancia

compartir la propia vida.

Cuando ya se ha hecho viejo

"todo poeta se convierte en vagabundo"(*)

es un *don* que no te olvida,

y te ayuda a sostenerte

con la muerte en cercanía.

Es un *don* que se percibe,

sin que se sepa la vía,

pero que hay que agradecer,

pero que hay que proteger

como una llama encendida.

(*) ("Adagia")Wallace Stevens

VERSÍCULOS

Para L. y B.

Miré tu forma de andar
talón, la planta y los dedos
disfrutando la pisada.
Talón, la planta y los dedos
con la mente despejada.

No quiero silla de ruedas,
ni una mente colapsada.
No quiero estar en un corro
ausente ya la mirada.

Postura del pié al andar,
respiración adecuada.
Postura y respiración,
esas eran tus palabras.

Miré tu forma de andar
consciente de la pisada.
Talón, la planta, los dedos
y tu sonrisa en la cara.

SOBRE LA PUBLICACIÓN DEL LIBRO PROMESA DE FUGA

Portada:

"En la ensoñación" (Juan Carlos Morant, autor del cuadro, título original del cuadro)

"Naufragio". (Acepción imaginada, Germán Echevarría)

Comentarios, de personas que habían empezado a leerlo:

Algunos:
"Poemas desasosegadores, sombríos"

"Voy leyendo poco a poco, porque me gustan mucho, pero me trasmite mucha tristeza"

De Lydia Mayeur:

"Acabo de verlo con P., buena presentación, intrigante… me gusta el dibujo…veinte dedos agarrándose en el espe jo del misterio"

"acabo de leer 101 páginas sin poder parar. Me resultó fácil de leer y me adentré en otra vivencia de estos dos años pasados, con otra realidad"

De Marina Pérez:

"…desnudando emociones, miedos, dudas, dolor …en un recorrido que contextualiza una época extraña, que marca un presente y un futuro desconocido y angustioso, un testimonio desgarrado, a veces crudo, pero la sintaxis, los versos cortos, precisos, la forma de contar, la plasticidad de las imágenes, la nostalgia recurrente que fluye como tabla salvadora, hacen que ese recorrido me resulte revelador, duro pero interesante, e incluso a veces relajante, me trasporta a parajes, huidas reales o imaginarias a una realidad terrible, dolorosa pero a la vez gestionada con todos los recursos posibles para no sucumbir, subyace una fuerza interior que empuja hacia la luz".

"Me puede ese impulso vital, que trasciende en la lectura, el regalo de tus excelentes sonetos y la riqueza del lenguaje, hacen que cada poema me atrape y vaya dejando un poso agridulce".

SIN PERMISO

> "el origen se aleja
> el fin se desvanece"
> Octavio Paz (*Vuelta*)

¿Me voy convirtiendo en un ser solitario

que se esfuerza en ser libre?

¿En un solitario, un vagabundo,

aunque, a primera vista, no lo parezca?

Aun me quedan muchas cosas que salvar.

Voy andando desnudo, por la orilla

por mi pie, que no es poco,

repasando pensamientos, entusiasmos, deseos, con las manos a
                                            la espalda,
cuento con los dedos, como cuentas de un rosario.

He llegado hasta aquí.

Quería contemplar el mar,

sentir la tarde sosegada,

y el aire suave.

SIN MIEDO

Sin miedo

acoger el sufrimiento.

Aceptar envejecer,

saber que faltarán fuerzas.

No forzarse,

para así seguir viviendo.

EN LA MISMA CAMA

Para B.

Cruzando brazos y piernas

dormir en la misma cama,

saber del cuerpo del otro

bajo la misma sábana.

Dormir juntos, sosegados.

Y con la luz apagada

saber que el otro respira

y no puede pasar nada.

DONDE HABITE EL OLVIDO SE BORRA EL ENTUSIASMO (*)

Para G.M.

Querer ser verdadero, es entusiasmo.

El querer entender, es entusiasmo.

"No es ningún problema", es entusiasmo.

Hablar igual que el nieto es entusiasmo.

Poder caminar desnudo es entusiasmo.

También la amistad es entusiasmo.

Compartir el momento es entusiasmo.

Compartir la fantasía es entusiasmo.

Compartir el compartir, es entusiasmo.

Es entusiasmo también la poesía.

Y percibir el bien en esta vida,

porque a veces la vida acarrea

mucho dolor y sufrimiento

y lleva enfermedad, cuando no muerte.

Intentar comprender es comprender.

No es necesario el permiso para nada,

es ser consciente que acaba

la vida que uno imaginaba.

El entusiasmo es casi algo sagrado,

para hacernos conscientes que hay un alma.

No quiero que se tuerza el entusiasmo.

"No forzar".

"Sí entregarse".

El poema se hace presente

cuando puede ser compartido,

y el cuerpo también y la mirada

y la palabra hablada y la callada.

(*) *"donde habite el olvido".*
Luis Cernuda

NUNCA CONOCERÁS A NADIE MEJOR

El ventilador da vueltas

cenital, acompasado.

Los cristales tiznados de polen amarillo,

van filtrando la luz

que se posa sobre el suelo

y se apaga en el fondo del espejo.

Todavía noto el ardor de la garganta,

me escuecen los ojos,

he vomitado

y me duele la cabeza

pero puedo levantarme sin mareos.

En el lavabo me ayudas,

meto la cabeza bajo el grifo frío,

intento respirar

recuperarme.

Me traes una taza de manzanilla preparada,

no recuerdo tu nombre,

la bebí despacio, estabas a mi lado,

me dolía mucho la cabeza,

y no sabía cómo dar las gracias

a una persona que desconocía.

LETARGO

Entra en letargo,

mantén mínimamente tus constantes,

y deja que el mañana quede al margen;

entra en letargo

como los sabios animales en invierno,

evitando la enfermedad,

dejando que el mañana pase de largo

sin dañar el cerebro,

sin dudar, sin vacilar.

Entra en letargo

mientras tus neuronas se recomponen,

las sinapsis deterioradas se refuerzan

y la luz pasa temblorosa por esta sombría habitación…

CAMINAR SOBRE LAS AGUAS

Para I.E.

"Solo es cuestión de andar sobre las aguas"
(Cuerpos de Cristo) Antonio Praena.

¿Has intentado liberarte de tus miedos?

¿Has podido apartar la angustia,

aplazar las obsesiones?

¿Has conseguido decir lo que querías?

¿Superaste la dificultad de levantarte,

apartar las sábanas

casi al mediodía, aquellos días de invierno?

¿Has podido volver a confiar,

soportar la muerte de quien querías, después de hacer lo imposible?

¿Has podido recoger, además, lo que escribiste?

¿Pudiste leer en voz alta tu poema?

¿Recuerdas como era el día que uniste tu vida a la de otra persona,

lo que empezaba a ser vivir,

la posibilidad de hacerla partícipe de tu vida?

¿Pudiste ayudar a tus hijos?

¿Superaste el rencor que produce el abandono?

¿Has podido superar esos momentos

cuando parece que no eres quien eres?

¿Y la temprana muerte de tu hermano, sus circunstancias,

y la de tus padres, y tu otro hermano, la de tus verdaderos amigos?

¿Te has alejado de la tentación de la oscuridad?

¿Has podido ya evitar el camino que va de la culpa a la confesión?

¿La rumiación del temor, la carga del pecado que te impusieron,

la culpa o las dudas del contagio, la caída al derrumbadero?

¿Has conseguido soportar el peso de los años, de las sombras?

¿Dejas que la melancolía, como la blanda lluvia,

vaya calando despacio como el tiempo que pasa?

¿Sigues teniendo un *"corazón amoroso*

y una mente preocupada"?

No has olvidado la luz, del alba hasta el anochecer,

y te fijas aún en la luna, y distingues las estrellas.

¿Has conservado la memoria

y has aprendido a escuchar?

Te has despertado esta mañana, consigues respirar conscientemente.

¿Has aprendido a inspirar y espirar mejor, *respiración consciente*?

Tienes que agradecer muchas cosas.

Pensabas en todo esto mientras caminabas descalzo en la orilla

con los pies mojados,

y te diste cuenta

que te gustaría caminar sobre las aguas,

caminar, hablar de todo, recordar,

compartir, conversar,

caminando con Él sobre las aguas.

III

ALFA CENTAURO

EL SUCEDER, ESPECULACIONES:
TEMPUS FUGIT" VS "*INSTANTE PERFECTO*"

> "La experiencia védica es una experiencia de liberación,
> de liberarse de todo, incluido –por lo tanto– el tiempo"

Iniciación a los Veda (Raimon Panikkar)

Ni la Música, la más inmaterial creación, puede escapar al Tiempo.

Más bien está regida por él, ajustada a su metrónomo, tiene establecidos sus largos, sus lentos, sus vivace etc.

Sólo en algunos momentos de la vida he creído estar al margen del tiempo, he sentido que se detenía, al menos; en el latido continuado en el amor, la pausa en la sensación del comienzo de la tarde, el tiempo detenido en instantes importantes de la vida, que quedan plasmados para siempre en la mente, (mi nieto en la ventana del instituto, mi hermano esperándome al borde de la carretera, el tiempo en que hemos pisado el paraíso…). El estar y ser podía ser la misma cosa.

El tiempo suspendido viendo nacer a tu hijo.

El tiempo inexplicablemente ausente en tu memoria, de repente.

"El Tiempo como sustento de la realidad vivida y el Tiempo que, al cabo, todo lo borra" (*)

En los últimos Veda se repite que, en realidad, nada falta, "ya estamos realizados".

Copio del Chandogya Upanishad:

"¿Conoces la enseñanza que nos permite
escuchar lo inaudible, pensar lo impensable,
entender lo incomprensible?

¿La conciencia crea el tiempo?

¿Existe como cuarta dimensión física del Universo?

Sólo Dios o Brahman lo es todo, inicio y final, a la vez esto y lo
otro, Creación y Nada, sólo Dios está fuera del suceder. Salvo el
Hijo del Hombre Cristo que sucede y muere en la Cruz.

Somos nosotros. El tiempo no se detiene. Lo medimos, lo objeti-
vamos, lo queremos entender, lo estudiamos...

La ultimísima Física especula que no existe el Tiempo.

Si así fuese sólo existiría en la mente humana.

El tiempo pasado, que queda en los órganos de la memoria, el
presente, sin dimensión, el incierto futuro sobre el que el cerebro
establece proyecciones, algoritmos, y cálculos continuamente re-
considerados...

Noto que "el tiempo se acelera con la edad" (**)

Tiempo, tiempo. Lo que falta, ven conmigo.

(*) "Memoria Lírica" (Germán Echevarría)

(**)"Formas de la esperanza"(Germán Echevarría)

83

LA VIDA Y EL TABLERO

Para K.

Hoy he estado pendiente de mi nieto.

Todo lo que yo sé quisiera darle,

poder lo que he aprendido traspasarle.

Cumplir los diecisiete ya es un reto.

De los problemas, encontrar la causa,

y de todo aprender, tomar conciencia.

Año a año crecer con la experiencia,

sin prisas, todo con su pausa.

De los retos salir fortalecido.

Nunca dar el mañana por perdido.

En el tablero hay piezas que jugar

y tienes dones que has de aprovechar.

Vivir y disfrutar la juventud,

manteniendo cuidada la salud.

Las piezas, la partida, el movimiento…

y hacer cada jugada en su momento.

TIEMPO, MEDIDA, MOMENTO, RECORDAR, APROVECHAR EL TIEMPO

Para G.M.

1) TIEMPO, TIEMPO

El Tiempo es sucesión.

Ni hay ya atrás ni hay aún adelante.

Ni pasado, ni futuro, todo sucede simultáneamente, como en la mente de Dios.

El Tiempo, pues, no existe.

El tiempo es una función del cerebro, como la palabra.

El ahora es una ilusión, una percepción, una representación indemostrable.

Espacio y Tiempo, para vivir en el mundo, para formar la realidad.

Sólo nosotros sentimos que el Tiempo no se detiene.

El Tiempo como facultad de la mente. El cerebro sustenta la memoria. Sólo nosotros tenemos memoria; sólo nosotros sabemos que moriremos.

2) TIEMPO Y NOSOTROS, DE CUANDO VINIMOS A DONDE VAMOS

"Porque tú formaste mis entrañas, tú me tejiste en el seno de mi madre" (Salmo 139)

"Goza de la vida con tu amada compañera todos los días de la fugaz vida…" (Eclesiastés)

"Cuanto bien puedas hacer hazlo alegremente, porque no hay en el sepulcro, a donde vas, ni obra, ni industria, ni ciencia, ni sabiduría" (Eclesiastés)

3) EXPERIENCIA VEDICA

La experiencia védica es una experiencia de liberación, de liberarse de todo, incluido –por lo tanto– el tiempo.

Aquello que fascina y obsesiona al hombre upanisádico, no es lo que viene después, sino lo que no tiene después. (Raimon Panikkar, "Iniciación a los Veda".)

4) TIEMPO, SU MEDIDA

El segundo como medida universal del Tiempo.

Nanosegundo:

> La mil millonésima parte del segundo.

> La luz recorre aproximadamente 30 cm. en un nanosegundo.

Picosegundo:

> La billonésima parte de un segundo.

Femtosegundo:

> La milbillonésima parte de un segundo

Zeptosegundo:

> Es la mil-trillonésima parte de un segundo

> Hasta aquí hemos llegado en ese camino hacia la Nada:

> Al tiempo que tarda un Fotón en cruzar una molécula de Hidrógeno es 247 zeptosegundos.

La eternidad carece de Tiempo.

Se puede medir? En zeptosegundos? En eónes?

Eón, unidad de Tiempo Geológico. Equivale a mil-millones de años

Los zeptosegundos son tiempo, 247 septo tarda exactamente el fotón el atravesar la molécula de hidrógeno. Y después, si podemos dividirlo más... a donde llegamos, a la Nada, o a la Eternidad.

5) TIEMPO Y MOMENTO PRESENTE

" La civilización occidental hace hincapié exageradamente en una noción de la esperanza que sacrifica el Presente.

No estoy diciendo que no tengáis fe en el futuro, sólo digo que la esperanza no basta.

Todo lo que deseamos está aquí en el momento presente".
Thich Nhat Hanh "Hacia la paz interior".

"Pasado y Futuro no son un par de opuestos. Si lo fueran uno dependería completamente del otro, y no habiendo uno, no existiría el otro…Hace falta un Presente activo y consciente para que dichas concepciones tengan sentido".
Juan Arnau ("La mente diáfana. Historia del pensamiento indio").

6) TIEMPO. VEJEZ Y MEMORIA

"Tu tiempo (de vida) se acelera con la edad" (Autocita)

"En la vejez, las pasiones y los deseos se apagan unos después de otros… la sensibilidad se embota, la fuerza de la imaginación se va haciendo más débil… los días trascurren cada vez más rápidos, los acontecimientos pierden su importancia…
Arturo Schopenhauer (Pensamientos)

"Recordar es la única manera de detener el tiempo"
Arturo Schopenhauer (Pensamientos)

(7) TIEMPO HUMANO

" SUJETA EL TIEMPO, PROTEGELO, VIGILALO, cada hora, cada minuto…
Considera sagrado CADA MOMENTO, dale a cada uno claridad y significado;
cada uno el peso de tu atención, de cada uno su verdadero y merecido logro".
Thomas Mann.

MOMENTOS VERDADEROS

Para I.E.

Despertares.

Despertar de las pesadillas

en este mundo triste y hermoso.

¡Sullivan, oh Sullivan,

estoy angustiado queriendo recordar

de mí mismo los momentos más verdaderos,

los momentos en que nada ni nadie me empujaba en este mundo
triste y hermoso.

¿Fue cuando los focos del autobús

iban barriendo la carretera saliendo de Burdeos?

¿Fue ante aquel poste donde se cruzaban los cables

y el viento avivaba las estrellas?

¿Fue ante un espejo, a la noche, en Montecatini, cuando descubrí

que el miedo ya no volvería a ser mi única pasión?

Sullivan, oh Sullivan, ¿cuando paseaba por la plaza Roja,

a medianoche, sin nadie, a finales de invierno?

¡Oh Sullivan! ¡las cosas que hemos vivido y soñado!

Me he despertado.

No me estoy preguntando cuándo fui feliz, sino cuando fui más verdadero, y ni siquiera consigo saber si es lo mismo.

¿Fue cuando te vi entre las flores lilas,

-había amanecido y en el cielo aun brillaba una luna llena enrojecida-.?

¿Fue cuando aún era niño, y olí el agua en la fuente, y vi un campo verde lleno de amapolas, un atardecer?

¿Cuando salimos en el coche blanco para llegar hasta el sol de medianoche?

¿Cuándo hace, un año, subíamos la calle hacía Sultanahmet,

bordeando la esquina de aquel árbol prodigioso

y volví a encontrarlo todo igual al cabo de los años?

¿Es cuando me siento cerca de vosotros, rostros queridos?

¡Oh rostros queridos, las personas que quiero, permanecer siempre
cerca de mi corazón!

VISLUMBRES

Para S.G.T.

A veces, la fuga

es libertad,

"estando ya mi casa sosegada" (*)

No es que fui al mar,

es que era el mar.

El silencio repara la mente.

Los afectos tardíos suceden.

La bendición es necesaria.

Confiar, escuchar,

compartir, consolar,

animar, perdonar, abrazar,

saber ser querido, saber querer…

Salud, sabiduría, amor, trabajo, compasión.

Quizá iluminación.

Quizá sea todo la misma cosa.

(*) San Juan de la Cruz.

MI NOMBRE AL OIDO

Pensar que temí mi nombre,

me faltaban las palabras.

Era salir al estrado

y mi nombre me asustaba.

Pasar desapercibido

hasta que el día pasara,

salir así del colegio

y volver camino a casa.

Dejar el confesionario

con una culpa lavada

pero siempre estaba el eco

de un pecado que asustaba.

Ahora mi nombre es mi nombre,

el del libro, en la portada,

cuando me llaman amigos,

cuando lo digo en voz alta.

Lo he firmado muchas veces

con la mano y con el alma.

Pasó el tiempo, pasó el tiempo.

Ahora mi nombre es mi nombre,

lo he oído hoy en voz baja,

Germán, Germán, al oído,

con una voz delicada.

QUINTETO DE SCHUBERT

He observado la luz que aún quedaba, como un polvillo,

alrededor de las farolas.

Me he guiado por la música que acababa de oír,

el quinteto último de Schubert.

He salido del concierto con un nuevo desfallecimiento

del que no sé la causa ni medida.

Luego, me ha vuelto a la memoria

aquella puerta y aquella espera

y la propia vida iluminada.

LIBERACIÓN

Ya no hay nada que hacer
La Rendición se rinde
(*Inspiraciones*) Lydia Mayeur

Lo incluiste en las *"Inspiraciones".*

Versos en palabras precisas

sin recurrir a ningún andamiaje,

pero con tu respiración incorporada.

Imagino en la calma ese *"no hay nada que hacer"*,

ah!, quedar libre, al menos, durante la respiración adecuada.

Puedes sentir entonces los bordes de la luz, las tonalidades y pausas
necesarias a su devenir.
Es una tranquilidad que solo puedo

llegar a intuir. Quizá la tuve en algunos momentos de mi vida

que he considerado sagrados.

Me has escrito

también en vertical

y me has hablado

alguna vez al oído.

LA BENDICIÓN SE BENDICE

La curación que se cura
El alivio que se alivia
Todo está aquí, desde el principio.
(Inspiraciones) *Lydia Mayeur*

Atento escucho aquello que me dices,
también los comentarios a mi verso.
El sentir de un ahora no disperso,
y todo lo que han sido tus matices.

Todo, todo, todo…"*todo*", tu voz
y esa pausa que marca el sentimiento,
y aquella que sosiega el pensamiento,
y lo aleja del filo de la hoz.

Eso que ha sido escrito en mi poema,
que se expresa, describe o se presiente…
tu palabra acertada y sugerente

lo sana, cualquiera que sea el tema.
Tu masaje también es sanación,
en el tiempo que dura una sesión

hay una sintonía, sin más lema
que compartir la misma bendición.

ACERCA DEL LIBRO PROMESA DE FUGA Y EL LIBRO BIOGRAFIA DEL SILENCIO (PABLO DORS)

Presentación intrigante... me gusta el dibujo... veinte dedos agarrándose en el espejo del misterio.

Tu frase, no lo puede expresar mejor. "Don" tuyo de llegar donde es difícil, pero ahí está.

A mantener la vibración alta sintiendo como cada instante está perfecto.

Estoy de camino para la estación de Alicante. Pascal me acompaña. Luego tren hacia Barcelona, luego otro. Muy llenos. Ayer también. No tuve tiempo para llamarte. ¿Como van las pruebas?

Te mando el lugar donde voy a estar, si lo quieres ver con B. (Vipassana Meditation: Dharmma Neru)

Mucha suerte para los dos y mucho amor.

Gracias por tu mensaje, me hace muy feliz.

Y muchísimas gracias a B. por el libro que me dejó.

Me voy con esto,

no hay otra cosa:

"NO ESFUERZO", "SÓLO ENTREGARSE",

instante tras instante,

"ya está"

No desear que el momento sea de otra manara.

El instante es perfecto como es,

aunque me duela la cabeza,

aunque esté enfadada.

Momento perfecto.

Nuevo mantra.

La vida sabe sobre la vida.

La salud, la libertad, la dicha, la vida, quizá sean la misma cosa.

UNHA APERTA MOI FORTE

Me escribiste aquel wasap
en un momento de llanto,
mi abrazo es desde Bilbao.
Abrazo buscando el alma
y desde el alma enviado.

No más cierto por más cerca,
en la distancia se encuentran.
Se provocan cercanías
se reconocen vivencias.

Hay que tener ilusiones
y personas que nos quieran.
Y también saber querer
de una u otra manera.

"Es tiempo de que sea tiempo" (*)
y el abrazo lo conserva.

Creo lo mismo que tú.

Y lo copio en la cuarteta.

(*) (Amapola y memoria) Paul Celan

INSPIRACIONES VIPASSANA (EL MAR)

Siiii... bonita en fuerza... tú la entiendes?
Yo solo la adivino.

Muy bonito tu frase sobre el mar...
con el que fundí totalmente un día
por sorpresa.
No es que fui al mar
sino que ERA EL MAR.
Sensación de expansión única en la vida y bellísima.

INSPIRACIONES VIPASSANA

Estos días investigando y experimentando....

el Tiempo. Fragmento a fragmento

de micro instantes.

En los que todo está perfecto,

pase lo que pase,

contenga lo que contiene...

el instante es completo...

ya que no puede ser otro.

Y todo lo que compone... bienvenido

(elementos placenteros, sensaciones desagradables...)

Instante perfecto.

Momento presente instante perfecto.

Sonrío.

Y llega el siguiente instante...

también mágico en perfección.

Abandonando el deseo de que sea de otra manera,

y la aversión hacia lo que no hay.

(seria... absurdez total, estupidez)

Desgasta, desgasta energía y salud.

Gracias por inspirarme.

Si (tienes escrito) algo sobre el Tiempo… me interesa.

La melancolía del tiempo…

o el recuerdo del futuro??

parece que el tiempo solo existe en nuestras mentes.

Para los hindúes el Tiempo era el sueño de Rama.

Con la teoría de la relatividad de Einstein

el tiempo era la cuarta dimensión en Física.

(Veo que el Tiempo ha atravesado todo lo que he escrito).

SOBRE LA INQUIETUD AL PUBLICAR UN LIBRO (*)

Acaba de llegar, lo cojo y sospecho su consistencia, tiene forma, espesor, el libro se siente denso, intenso...

Me gusta el papel, lo aireado de los poemas, el índice claro...

Muy buen libro y contenido, acabo de leer 101 páginas sin poder parar. Me resultó fácil de leer y me adentré en otra vivencia de estos dos años pasados, con otra realidad. Me gusta que B. esté siempre presente y aunque no la nombras en cada poema, veo la profundidad y amor de su mirada hacia ti en cada poema... también su sonrisa tierna. Qué buena acompañante.

...sabes que aquí, estos dos años se vivieron más ligeros y "paradisiacos" aunque todas las vibraciones de sufrimiento me llegaban... se rodeaban de mar sol y pájaros

...trasmutadas

(*) PROMESA DE FUGA

DÍA DE UN EQUINOCCIO

Para B.

Los dos hemos estado en esta orilla

cuando no hay nadie, en plena soledad.

Aquí hemos sentido la verdad,

el mar cercano, que espejea y brilla.

Pisando ambos la espuma, caminando

desnudos en la vida y en lo cierto,

La brisa suave junto al mar abierto,

los dos reconocemos este cuando…

El mar está tranquilo, no hace viento,

y así también se aquieta el pensamiento

en esta soledad reconocida.

En esta playa larga y nuestra vida

y el detenerse todo este momento

y el horizonte azul y sin medida.

EL LIBRO DE GIMNASIA SUECA

Para Pascal

Os vi venir de la mano
en la Vera de la tarde
como parte de un milagro
que no lo veía nadie.

Fue un regalo de los dos,
Pascal que bien supo hacerlo,
un libro de hace cien años
con sus colores añejos
y con aquellas figuras
de los ejercicios suecos.
Y la intención del regalo.
También mi agradecimiento.
No sabes por qué sucede.
Pero sucede y es bueno.
Lydia, que lo recordó.
Y Pascal, que supo hacerlo.

Un libro de hace cien años,

lo tenía yo de nuevo.

Los cuatro estuvimos bien.

Y el libro no tiene precio.

Os vi volver de la mano

cuando estaba anocheciendo.

FRAGMENTOS, SÓLO FRAGMENTOS

Para J.F.F de A.

Acercar el corazón

a las caricias del alma.

"La vida sabe de vida",

los poemas son fragmentos

recogidos día a día

de una métrica más larga,

como son los sentimientos.

Fragmentos, solo fragmentos

de un poema que no acaba,

el alma se hace más grande,

nosotros más verdaderos.

FIRMA

Ante el libro "Promesa de Fuga"

que explicaba una evasión

hacia una luz armoniosa,

tú me diste tu opinión:

"Un abrazo fuerte, firmando contigo

la promesa firme de ser feliz y plena"

CORRESPONDENCIAS (Acerca del libro MEMORIALES)

Siii, riquísimo el mar y la playa,

acabo de bañarme también.

Contemos nuestras bendiciones.

Rememorando, un MEMORIAL inmemorable.

Mientras tanto nos unimos en el soplo… la respiración consciente.

Un saludo de Vera la soleada,

el mar sigue rico,

y todo se apacigua,

el ritmo ralentiza

y el recogimiento invita a la lentitud.

Me parece excelente,

muy muy buena,

luminosa y colorida idea,

de esa concha de portada.

Lleva la energía del mar, de tu nieto

y de las ondulaciones de la vida.

MEDITACIÓN AYURVEDICA

Mi cuerpo tendido,

cierro los ojos

cuando empiezas el masaje.

Palpas mi corazón,

compruebas la presión del hígado,

mantienes tu palma sobre mi frente

para sosegar el pensamiento.

Tú entornas los ojos

pero estás concentrada en el sosiego que trasmites.

Oigo tu respiración pausada,

siento que respiro

cada vez mejor,

siento que estoy cada vez mejor.

Descanso en el descanso.

Entonces abro los ojos.

IV

INTERMITENCIAS

(Poesía perenne)

No existe una Poética desde la que extraer la poesía. El origen de un verso se pierde, está lleno de influencias, vibra desde múltiples interferencias. El idioma, la palabra, en vertical u horizontal, los versos libres, poemas llenos de música y música que inspira poemas.

Por eso no se sabe tampoco como surge la inspiración desde ese universo, de influencias, y percepciones, libros subrayados, estados de ánimo, interferencias, recuerdos, sonidos, sentidos, escenas de películas, sentimientos alimentados por la imaginación, que se alimenta a su vez de todo lo anterior...

No existe una Poética que aplicar.

Lo más que nos llega de ella son intermitencias.

Desde tiempos antiguos, formas pasadas, para algunos no correspondientes a los estilos del siglo XXI, ni a su medio, ni mensaje.

Pero existen estas chispas, aunque correspondan a hogueras que creemos apagadas.

Son como neutrinos que atraviesan todo lo escrito o cantado, ó sólo estrofas sueltas, fragmentos a veces, que quizá el Tiempo las conserva de alguna manera, haciéndonos sensibles a ellas, facilitando algo que queremos decir en el presente.

Estas Poéticas que siguen se refieren a ese mundo inabarcable, y por lo tanto perenne.

POÉTICA (I) Sobre la emoción en la naturaleza de la poesía.

Para I.E.

¿Fue real o imaginado?

¿Son ciclos de la misma cosa

de un tiempo que fue soñado?

¿Escrito hoy? ¿O aún no pasó?

¿Cómo fue? Si no ha llegado.

¿Fue poética estudiada

o me la había inventado?

Pero la emoción latía…

Eso no puedo negarlo.

POÉTICA (II) Sobre la esencia del poema breve.

En relación al libro MEMORIALES, verdadero cuaderno de poemas breves, no más de cuatro versos, y de los varios poemas que allí se titulan "POETICA", anoto las siguientes palabras de Octavio Paz.

Octavio Paz escribe en un comentario sobre la poesía china (versos de Li Po), aludiendo al poema breve:

"...condensar, en unas cuantas líneas, una emoción fugitiva. Copla, haiku, epigrama: frasco de intenso perfume que, al abrirlo, al leerlo, se disipa, pero no sin antes producir en el lector una suerte de iluminación momentánea. El poema breve desaparece con rapidez y, no obstante, es persistente y regresa siempre. Sus dos alas son la sorpresa y la memoria".

(México, a 16 de marzo de 1995)

POÉTICA (III). Sobre las Poéticas Intertextuales inclusivas.

Anotaciones breves, intertextuales, agrupadas, porque en su día nos hicieron topar con la realidad de la poesía cuando leíamos diferentes textos, en diferentes épocas.

Ayudan a comprender determinadas poéticas, que al explicarlas pueden perder no solo su sentido sino también la percepción de algo que habíamos captado, su latido interno, su configuración imaginativa, su verdad poética, que de alguna forma nos sigue resonando.

Esta poética se emite desde interferencias lejanas. Hay quien las llama inconscientes, surgidas de alguna asociación, como dice el sicoanálisis.

Pero se han percibido de hecho, en lo leído, en la música escuchada, en lo vivido.

Los estilos aparecen y desaparecen en el tiempo, pero estas "poéticas" intertextuales inclusivas son imposibles de capturar y estructurarlas en un tratado. Solo vislumbrarlas, recoger su eco en un poema, percibirlas por un momento en la imagen poética.

Son como intermitencias desde Alfa – Centaury.

Intermitencias desde trozos de poemas leídos que se remontan atrás.

Interferencias desde la música de cámara, bel acanto, canción popular, jazz, música de películas, rock, pop, clásica, flamenco…

Diversas poéticas inclusivas se mezclan en la sutura del poema, formas en texto vertical, con métrica y rimas definidas, en líneas de prosa, con sus acentos, en versos libres.

(He vuelto a oír "Wishe where here" de Pink Floy, en el viejo Long Play, con la carátula del apretón de manos que se incendia. Esta semana oí en directo "Cuarteto para el final de los tiempos" música compuesta por O. Messiaen en 1941, en un campo de concentración. Había un clarinetista, un violinista, un violonchelista y él como pianista con un piano desvencijado. En el silencio helado del campo ante los prisioneros y el mando alemán formados en el stalag. En un absoluto silencio bajo cero. Todos en el final de los tiempos. (música basada en la frase "No habrá más tiempo" del Apocalipsis.)

Las citas que siguen estaban subrayadas a lápiz en textos de:

Tomas Transtormer/ Yoko Ogawa / Onetti/ V.S. Naipul/ Thomas Bernhard/ Auden/ W, Owen/ Baroja/ Thomas Wolfe/ Wallace Stevens/ Robert Frost/ Paul Celan/ Rafael Cadenas/ Patrick Modiano/ Ono/ Fiedrich Glauser/ Denis Johnson/ Mircea Cartarescu/ Le Clezió/ SanJuan de la Cruz/ Walt Whitman/ Chandogya Upanisad/ Sergio Oyarzabal/ Hans Magnus Enzensberger/ Blas de Otero/ Octavio Paz/ Malcolm Lowry/ Luis Cernuda/ Issa/ Samuel Beckett/ Juan Ramón Jimenez.

"Si bien la naturaleza es un punto de partida físico, el paisaje es una representación simbólica".

Harry Almela (Una lectura de Tomas Transtormer, *artículo en* Poemas selectos)

"Cuando ya hube contado cincuenta gotas, retiré la vista de la ventana y escuché la respuesta".

Yoko Ogawa (*La residencia de estudiantes*)

"El atenuado desdén de las posturas"

Onetti *(El astillero)*

¡Qué extraño! Buscaba compañía, pero necesitaba soledad.

V. S. Naipaul *(En un estado libre)*

(Andamos juntos. Murió hace treinta años)

Tomas Transtromer *(Balticos)*

La forma sólo puede ser la expresión adecuada del contenido.

Thomas Bernhard (*Entrevista* ¿le gusta ser malvado?)

The poetry is in the pity.

Auden y W. Owen (Poemas de guerra, *preface*)

Cuando el desánimo debilita mis ganas de escribir -y pienso que hay en esta tarea algo de deber, algo de salvación-…

Juan Carlos Onetti (*Juntacadaveres*)

Llena de impresiones visuales.

(Mis descripciones)

... cristales rajados y sucios por donde entraba una claridad triste.

Pio Baroja (*La busca*)

"Tú nunca estuviste ausente durante nuestra soledad"

Thomas Wolfe (*Una puerta que nunca encontré)*

"El poeta joven es un dios, el viejo poeta es un vagabundo"

Wallace Stevens (*Adagia*)

Puede trabajarse un poema una vez ya existe.

Robert Frost (*Prosas*)

...embrujado por el conjuro del tiempo.

Thomas Wolfe (*Especulación*)

Recordó de repente la imagen nocturna de las calles muertas de su infancia.

Thomas Wolfe (*Especulación*)

Tu cuerpo en silencio,

yace en la arena junto a mí,

bañada de estrellas.

Paul Celan (*De umbral en umbral)*

… la cicatriz del tiempo.

Paul Celan *(De umbral en umbral)*

Trabajo cada día en mis poemas.

Rafael Cadenas *(Entrevista 9/11/22)*

… tú debes respirar,

respirar y ser tú.

Paul Celan *(Reja del lenguaje)*

… como la herida del recuerdo,

Paul Celan *(cambio de aliento)*

El mundo se ha ido, yo tengo que llevarte.

Paul Celan *(cambio de aliento)*

En ese momento fue testigo de la unión entre el "ahora" y el "para siempre".

Thomas Wolfe *(El niño perdido)*

"Pero los domingos, sobre todo a media tarde y si uno está solo, abren en el tiempo algo así como una brecha. Basta con colarse por ella".

Patrick Modiano *(La hierba de las noches)*

Listen, the snow is falling.

Ono

dejándonos andando hacia la tarde…

John Ashbery *(Pasaje techado)*

¿Quién dice que necesitas estar despierto
para apreciar la poesía?

John Ashbery *(Pasaje techado)*

… la impresión de salir del presente y escurrirme dentro de una
zona donde se había parado el tiempo.

Patrick Modiano *(Joyita)*

Y el pasado, que ayer volvía a mostrar su poder, el pasado ya no
está.

Friedrich Glauser *(En la oscuridad)*

El pasado y el presente se me mezclan en el pensamiento por un
fenómeno de sobreimpresión.

Patrick Modiano (*Viaje de novios*)

Ser consciente de haber vivido más tiempo en el pasado del que
puedo esperar vivir en el futuro.

Denis Johnson *(El favor de la sirena)*

Llueve la soledad en las horas inciertas.

Mircea Cartarescu *(Lulu)*

… y en la noche las chispas se arremolinaban, se elevaban, se unían a las estrellas

Le Clezió *(Arde corazón)*

... en pos de los levantes de la aurora/ la música callada/ la soledad sonora…

San Juan de la Cruz (*Cántico espiritual*)

No te desalientes si no me encontraras/ Si me perdieras en un lugar, búscame en otro/

en algún lugar te espero.

Walt Whitman *(Hojas de la hierba)*

¿Conoces la enseñanza que nos permite escuchar lo inaudible, pensar lo impensable, y entender lo incomprensible?

Chandogya Upanisad

Y coge mi mano anciana y naveguemos flor adentro.

Sergio Oyarzabal *(Traductor de sueños por Babilonia)*

"Cada palabra tiene muchas capas, una compleja historia de significados"

Hans Magnus Enzensberger

El soneto es el rey de los decires.

Blas de Otero *(Sonetos)*

Si un hombre olvidase a la poesía, se olvidaría a sí mismo.

Octavio Paz

... y mira los platos sucios de la cena /y las botellas tristemente vacías.

Malcolm Lowry (*Poemas selectos*)

Si inventó la hermosura o supo verla.

Luis Cernuda (La realidad o el deseo)

El otoño en mi cuerpo/ y ahí afuera/ asoma la luna.

Issa *(haiku)*

La expresión de que no hay nada que expresar, nada con que expresarlo, nada desde lo que expresarlo, no poder expresarlo, no querer expresarlo, junto con la obligación de expresarlo.

Samuel Beckett (Three Dialogues)

Pero lo solo está aquí,/ pero la fe no se cambia,/ pero lo que estaba fuera/ ahora está solo en el alma.

Juan Ramón Jiménez (*Romances de Coral Gables*)

POÉTICA (IV) Sobre la percepción

La poesía, según los momentos,

tiene su latido.

No se fuerza,

no empieza, no acaba

aunque no llegue a escribirse.

Está presente. Aparece.

está en la percepción,

está en el instante.

Por eso se mantiene.

POÉTICA (V) Sobre la inspiración

Quisiera llegue a inspirarte
algún verso que haya escrito.
Porque tú me has inspirado
desde que te he conocido.

POÉTICA (VI) Parece o no parece, pero es cierta.

La configuración oculta,

a veces ocurre, sin pretenderlo,

en poesía.

Parece y no parece. Alude, pero no guía.

Es un recuerdo?

O una fantasía.

La poesía no se somete nunca

al dictado pretendido.

Aparece. Puede tener varios puntos de vista (como la realidad).

A lo más, más que asegurar, sugiere,

a veces interpela,

o deja testimonio.

A veces los conflictos o el estado del mundo

distorsiona, retuerce el poema.

Pero siempre, en cualquier modo,

en cualquier métrica,

puede aparecer. Es cierta como es.

Como es. Todo,

lo que oculta también forma parte,

y lo que sugiere,

y sus silencios.

Todo debemos respetarlo.

POÉTICA (VII) sobre la creación y la experimentación.

Eres creador de tu vida.

Haz unas pruebas y verás,

hay mucho poder…

para crear lo bello, solo lo bello

desde un sentimiento profundo de bienestar en tu corazón.

Recordando algo

por ejemplo, muy intenso

y a partir de este estado… piensas… y creas.

Experimenta.

Sí funciona.

POÉTICA (VIII) Anota, anota, anota…

Nada escrito desde hace días

y todo está escrito.

Anotado y disperso,

en estos días,

hojas en libros, libreta azul en el bolsillo, notas sueltas, prospectos
etc.

¿Sólo en mi mente, en un momento, ha existido?

Confuso recuerdo de versos certeros,

de trazos, de metros, de rimas,

imposibles de recordar,

todo fue poesía en mí,

y nada está ya legible…

Anota, anota, anota…

POÉTICA (IX) Poéticas desde mi poesía.

Se trata de una poesía *de la vivencia, de sedimento* más que de argumento. En ciertos poemas a través de una misma línea lírica aparecen segundas o terceras voces y siempre el curso del Tiempo. El Tiempo como sustento de la realidad vivida y el Tiempo que al cabo todo lo borra. Es en esa tensión del vivir, que a veces se alimenta del recuerdo, donde esta poesía abre una brecha a la emoción.

(De "Memoria lírica")

Es una poesía en tono de elegía, que transita por la periferia de los espacios urbanos y por la periferia del tiempo en el que a veces el pasado se sobrepone al presente deteriorado. El poema cristaliza… en las afueras de un tiempo interior, que conserva su pálpito y que no tiene calendario.

(De "Extrarradio")

No tiene reglas fijas,
ni métrica obligada
sino secreta "música callada"

La poesía es también un exilio sin papeles,
una forma de supervivencia.

(De "Formas de la esperanza")

POÉTICA (X) (Sobre el lenguaje de la poesía)

" El lenguaje de la poesía no es el lenguaje del poder, de los medios de comunicación, de la burocracia. Pero la poesía es sí la única respuesta válida a una sociedad que intenta hacernos olvidar que tenemos una vida espiritual".

(Tomas Transtromer)

V

El Tiempo vuela bajo, con *las alas tibias*

GRAN ANGULAR

1) EMOCIONES TARDÍAS

Ay, emociones tardías

donde la amistad y el amor

se mezclan como las aguas

cuando se juntan dos ríos.

Las amistades tardías,

que no se buscan, suceden,

cuando han pasado los años

y sientes la misma vida.

Ay, el amor ya tardío,

cuando ha sido compartido,

mientras fue rodando el mundo.

Cuando a pesar de los años

se sigue durmiendo juntos.

2) ILUSIONES TARDÍAS

I

Amor.

Amor como lluvia.

II

Quereres,

que conservan su silencio

"como lluvia silandeira".

III

Amor en el final

como las olas que llegan

sosegadas a la orilla.

IV

Amor quizá

en emociones tardías

pero que están en la vida.

V

Amor.

Como las flores recientes

en el árbol lila.

VI

Amor para

poner fin

a lo que no te trae paz

y te extravía.

VII

Amor.

Néctar del corazón.

Cuando la vida

aún puede ser compartida.

VIII

Afecto.

Respiración consciente,

y punto de fantasía.

IX

Afecto,

como "grato y amoroso descanso".

Y amor

al ver despuntar el día.

X

Quereres,

en palabras desde lejos

y afectos en cercanía.

XI

Amor.

Como empezar a escribir

lo que luego es poesía.

XII

Quereres,

que enseñan lo que es vivir

y nos explican la vida.

XIII

Quereres,

para los que nunca es tarde.

Porque sigue siendo cierto

porque el corazón lo sabe.

3) BORDER LINE

No sé

lo que significa esto.

Algo debe de ser, no sé.

Debe ser

una manera tardía de querer.

4) LO DEMÁS ES LO OTRO, VIENTO TRISTE (*)

I

Es el amor que se siente,

aquel amor compartido,

fue aquel amor más temprano.

O los amores tardíos. (**)

II

Es el amor que se siente

y no hace falta decirlo

y en el silencio se vive

y está lleno de cariño.

III

Es el amor que se siente

cuando no piensas en ello

y son detalles, no más,

de un saber muy verdadero.

IV

O es el amor que se siente

entre mujer y marido

que rebrota con los años

y vuelve a ser compartido.

V

Es el querer que se siente,

cuando crees que se ha ido,

son los amores de otoño,

son los quereres tardíos.

VI

El tiempo no se detiene

pero el corazón percibe

un latido verdadero,

lo sabe cuando lo vive.

VII

Es el amor que se siente

cuando nace en el silencio,

a veces en la mirada

sin decir nunca te quiero.

VIII

Es el amor que no miente,

y no importa la distancia,

cuando es saberse entendido.

Son los amores del alma.

(*) Casida VI, "*De la mano imposible*" F. G. Lorca

(**) Pio Baroja (Titulo de novela)

5) CANCIÓN PARA GUITARRA DE RAYMOND / TIEMPO DE AÑORANZA (*)

Cancion original de Raymon Windholtz.
Traducción de Lydia Mayeur

"LE VENT"

La ventana entreabierta
deja pasar el viento
y es el descubrimiento
de la historia del tiempo.
El tiempo
el tiempo que pasa
llevado por el viento.
Estoy solo, ahora,
aquí, solo, estoy solo,
con el viento,
solo, me aburro con la noche.
La ventana mira hacia un cielo siempre gris,
el reloj atrasado,
tiene miedo a la noche.
La noche, la noche de verano,
que no tendrá tiempo
de quedarse en el presente.
Aquí solo, estoy solo, con el viento.
Solo, me aburro con la noche.
La cortina se levanta
acariciada por el viento
cuyo olor me recuerda

un país del Levante,

el viento, el viento de España

que llega hasta mí

y me habla de ti.

Solo, estoy solo con el viento.

Solo, me aburro con la noche.

Solo, estoy solo, con el viento.

Solo, me aburro con la noche.

(*) Canción compuesta, letra, en francés, y música de guitarra por Raymond Windholtz.
(El original en francés figura en el anexo I)

6) CURVA DEL TIEMPO

Abrazos desde muy lejos,

y abrazos agradecidos.

Y hay mucho sitio en el alma

para abrazos sostenidos

que existen en la distancia.

Besos que se envían lejos

son besos agradecidos.

Y hay mucho sitio en el alma

para besos sostenidos

que ganan en la distancia.

7) TARDES TARDIAS

"Si inventó la hermosura, ó supo verla"

"La Realidad y el Deseo" Luis Cernuda.

Déjame disfrutar del embeleso

de sentir de tu alma su belleza,

de soñar el poema en la tristeza,

el poema que nace como un beso.

POSTRIMERÍAS

Para A.M.

No quisiera arredrarme ante la muerte,

quisiera dar ejemplo de valor,

una mano que alivie mi dolor,

una mano que pueda apretar fuerte.

Si da paso a otra vida, entendería

que es un trance también rescatador.

A nuestra mente la nada da pavor,

galaxias y moléculas sin guía.

Nacer. Morir. Por eso se es humano.

Dejar ya de sufrir, como una cura

sin marcas del dolor o de tortura.

Y sentir que vivir no ha sido en vano

viendo cumplido aquel deseo fijo:

no tener que enterrar a ningún hijo.

EL LATIR DEL ESPÍRITU

Para J.L.

"El espíritu, sin moverse, es más veloz que la mente…
Los sentidos no pueden alcanzarlo"
Isa Upanishad

…que el amor con que tú me has amado
esté en ellos y yo en ellos.
Evangelio de Juan, 17.26

Nos sentimos cercanos, leemos

las doctrinas que vienen desde tan lejos,

los vedas, la concepción de la irrealidad de las cosas…

Sin embargo vivimos, día a día en este mundo,

como si el mundo fuera toda la verdad.

"La verdad es lo que es,

y sigue siendo verdad,

aunque se piense al revés",

nos dejo escrito Machado.

Pero hemos sentido el latir del espíritu,

anterior a todo

en el origen de la conciencia.

Sabemos que las arterias del cerebro

riegan el conocimiento.

La potente luz del ultramicroscopio que entra por la cisura silviana,
                                        y profundiza más,
la glándula pineal, en lo más profundo del cerebro.

"¿De verdad mis pensamientos están hechos

de lo mismo que ese bulto sólido de proteínas y grasas cubierto de

vasos sanguíneos que tengo ante mí?" (*)

Nada se escapa a la realidad.

ni siquiera el sueño,

pues la ciencia y el tiempo,

las distancias del universo,

y la realidad subatómica que abre otro vacio hacia la nada

forman parte de esa realidad demostrada.

Se acorta la distancia hasta la primera luz del Universo,

cada vez falta menos…

Las espirales en el ADN, en las rotaciones

de los astros, las galaxias, la célula tras el momento de la concepción,

con todas las instrucciones para el desarrollo de un ser humano nuevo,

o el nacimiento de un árbol, hasta el desarrollo exacto

del desplegarse de las ramas y hojas, sin errores caóticos

que crearían monstruos. El azar y su misterio, donde sólo debería

existir el caos,

desde la Nada.

Einstein dijo que Dios no juega a los dados.

BRAHMAN, lo Absoluto, y ATMAN, el alma. "Tú eres yo"

¿en realidad ya estamos realizados, como dice el Vedanta?

Pero, en nosotros todavía distinguimos rasgos de animales,

tememos ser seres en el ciclo de una evolución salvaje,

y nuestro conocimiento a la vez

vacila ante lo racional, buscando un sentido a nuestra existencia.

La razón, el conocimiento científico nos impide aceptar la

trasmigración de las almas,

la resurrección de la carne,

al Hijo del Hombre resucitado,

al Dios Crucificado.

La dimensión espiritual no la estudia la Física,

que está ocupando el espacio de la Filosofía,

pero sigue sin respondernos si preguntamos por el Sentido de

nuestra vida…

Estamos solos. Hemos sido primates. Pensamos solos.

¿Aún somos primates evolucionados?

¿Seremos mañana más que humanos o pereceremos en una

catástrofe

provocada por nosotros mismos?

Nos seguimos preguntando por el Sentido de nuestra existencia,

interpretamos el universo,

como las hormigas interpretarán las ramas y hojas del suelo.

¿Qué será de nuestros hijos? –nos preguntamos.

"Vida nos da la Fe, muerte la Ciencia", dijo Don Miguel.

La tarde ya declina.

Recorro el camino hacia Emaús, fijándome en la gente, otra tarde,
por si encuentro al Crucificado.

(*) Henri Marsh *(Do No Harm)*

OCHO DE MAYO

Fecha del calendario que remarco,

en que repaso etapas de mi vida.

Llega el ocho de mayo y mi medida,

y mi existir pasando por ese arco.

Son muchos años, muchos pormenores.

Propósitos que hacer en adelante

cada mantra que ha sido vinculante

buscando los recursos interiores.

Van pasando los años, me doy cuenta.

¿Me parece que aún no hice sesenta?

¿Y que sigo aún volando en ese vuelo?

Lo que queda es ya poco. Pero anhelo

lo mismo. La percepción y el pensar,

poder vivir y ser capaz de amar.

TIEMPO SIN HORAS (ROSSO FIORENTINO)

Para B.

Estar en la cama juntos

en un "descanso amoroso"

no sabiendo qué hora es,

sabiendo lo tienes todo.

LOS AFECTOS VERDADEROS

Los afectos verdaderos

son los que hacen crecer

y confiar,

y escuchar,

y compartir,

y consolar,

y animar,

y saber que se es querido

y se es capaz de amar.

Eso es ser afortunado.

¡Qué importa el tiempo tardío!

Son propios del corazón

lo mismo que los latidos.

El tiempo no se detiene,

pero no los deteriora.

Los afectos verdaderos

nunca tienen día u hora.

ALAS TIBIAS

Aquí,

también volamos entre grises y soles

pero con las alas tibias…

para dejarnos conducir

desde lo ilusorio a lo Real,

de las tinieblas a la Luz,

de la muerte a la Inmortalidad.

De los Upanishads aprendo

que se puede volar,

sostenido por las *alas tibias…*

… sin que éstas

lleguen a significar una inevitable melancolía.

"no paro de pensar: ¿Acaso no será el mismo cielo que mira-
mos juntos?"

El mismo cielo… el cielo protector.

Que el día de hoy y la edad que tengo

no impida contemplar un cielo azul del nuevo año,

y en una mañana despejada, un mar nítido y frio.

Que todos, vivos o muertos, a quien quisimos y queremos

nos sigan iluminando con su luz,

sin que el tiempo, ajeno a todo,

nos deteriore.

Y así podamos alcanzar

el sosiego y la paz

del cuerpo desnudo y el alma liberaba.

DESMEMORIA

"Ya no es tiempo de llegar,
sino de irse".
"No estaba lejos/ no era fácil"
(Joan Margarit)

Memoria mía,

adónde vamos

adónde me llevas ahora…

Sólo veo un camposanto,

memoria, que apenas retienes épocas o días, que se van borrando.

¿Tanto te afectan los años y el cansancio?

¿A dónde vamos llegando?

un enorme descampado, camposanto sin cruces,

que es el Tiempo sin pasado.

LAS DIVISAS DE CRONOS (*)

"Cronos, el de la guadaña y el reloj de arena, ha escrito muchas divisas…"

… La concisión del latín ha mantenido las más características:

Hora fugax / Velox proeterit hora/ Vigilate et orate quia nescitis hora/ Me lumen vos umbra regit/ Fugit irreparabili temous/ Tempus edax rerum.

Joe, asegura, que las tres más expresivas leyendas de Cronos que aparecen escritas en el País Vasco son:

Una, la del pueblo de Hasparren:

NOLA ITZALA HALA BICIA;

 ("Así como la sombra es la vida")

Otra, la de Urrugne:

VULNERANT OMNES ULTIMA NECAT."

("Todas hieren, la última mata")

La tercera, en el campanario de la iglesia de Sara, (traducción de Axular en el año1600, de su homóloga latina). Dice así:

"OREN GUZIEK DUTE
GIZONA KOLPATZEN,
AZKENEKOAK DU
HOBIRAT EGORTZEN"

("Todas las horas/ golpean al hombre/ la última/ le envía a la tumba")

(*) (Las sorpresas de Joe) /Los amores tardíos / Pío Baroja.

VI

Desde otro tiempo

¿SIGUE TODO IGUAL?

¿Sigue todo igual?

¿Sigue todo como la última vez?

El sol entre la espuma del mar.

El caminar por la larga orilla.

El mágico anochecer

que llegaba en el curso del masaje.

El alba, con la luz aquella, de nuevo.

La noche cálida, detenida, con la luna tan cercana.

¿Vendréis de nuevo para cenar los cuatro?

Por mi parte conservo tus últimos mantras:

> *"Poner fin a…"*

> *"Acuérdate de alejar el sobreesfuerzo"*

Por tu parte *¿el Tiempo sigue deteniéndose*

en el instante perfecto?

El Tiempo parecía detenerse unos momentos

en esas pausas que he sentido allí,

la pausa de la luz que indicaba había empezado la tarde,

la pausa ante el mar, caminando por la larga orilla,

la noche y la luna y el horizonte del mar

como tantas otras veces en mi vida.

TERAPIAS

"Lo que acerca la espuma
se va con la resaca"
(*"Un año y tres meses"*)
Luis Garcia Montero

Tan desde lejos, desde las costas del Indalo,

tus mensajes de voz, y tus cortos videos, siguen siendo, a veces,
una terapia.

Aquel universo en calma, que temo fuese soñado,

y el sosiego que trasmitía.

A mil quilómetros, en una playa desnuda,

en la desierta orilla

donde seguirán llegando las olas.

Qué lejos, y qué cerca, tus líneas de "inspiraciones"

y tu sonrisa junto a la puerta azul.

¿Era otro mundo? ¿Ajeno a la aprensión y la enfermedad?

¿Alejado de las preocupaciones de mi vida?

¿Ajeno a los conflictos que se sobreponen en el mundo,

en este incierto cuarto de siglo?

¿Sigue siendo todo aquello real?

¿Los masajes, el descanso, aquel entorno sanador?

¿Sigue allí, a sólo mil quilómetros,

la misma luna, y la misma noche, que se repite?

¿Es mi tristeza la que ahora,

a esta hora de la tarde,

me hace dudar de nuevo?

La poesía no es en un entorno virtual,

es como la vida, también tiene sus las tardes vacíadas.

Pero es un poder auxiliador,

y se dirige a un alguien o uno mismo.

Solo se escribe desde el corazón,

donde quedan las cosas cercanas y queridas,

"donde está tu tesoro allí está tu corazón" (*)

donde pensamos no alcanzará nunca la indiferencia,

donde se conservan los recuerdos y el amor,

donde nuestros hijos siguen siendo niños,

donde nuestros nietos nos llaman "aitite"

donde buscamos alivio,

donde están los recursos para vivir acordes a la luz,

los recursos para escribir,

cuando las difíciles lágrimas de las pérdidas

asoman a los ojos.

(*) Jesús (Evangelios)

INSPIRACIONES, MEDITACIONES

Y todo se apacigua

el ritmo se ralentiza

y el recogimiento invita a la lentitud.

Mientras tanto nos unimos en el soplo…

la respiración consciente.

Rememorando

un memorial

inmemorable.

Cuando me perturba algo

mi amigo me rememora siempre

"Cuenta tus bendiciones"

Hoy te regalo esta frase- mantra poderosa.

Para crear lo bello, solo lo bello

desde el sentimiento profundo del bienestar en tu corazón.

Recordando algo

muy intenso

y a partir de este estado…

piensa… y creas.

ANIVERSARIO (NUEVAS AMAPOLAS)

> "Soy un fue, y un será y un es cansado"
>
> Francisco de Quevedo *(Sonetos)*
>
> *Para L.E.*

Vértigo si giro atrás la cabeza. Vértigo delante.

Mi vida. Vértigo la cercanía

de lo que falta para el final.

Vértigo si leo

lo que he escrito.

Aferrado a pesar de todo, a lo que queda por escribir.

¿Ligera inestabilidad al salir a la calle, al caminar?

M.H. no ha podido decir la misa.

Ayer hablamos de su "IN PARADISUM CONDUCANT TE
ANGELI",

que cierra al poemario MEMORIALES.

Quedamos para hoy, a misa de once.

Pero ayer, a poco de estar conmigo,

ingresó en el Hospital.

Me quedé oyendo misa

sin el recordatorio a los difuntos que iba a rezar M.

Sentí un nudo en la garganta

y lágrimas silenciosas en los ojos…

A dónde queda ir.

Volver. ¿Llegar de nuevo? ¿a dónde?

Existe el tiempo pasado en la medida que existimos.

¿El porvenir espera,

ó hace tiempo que acabó?

Nuestro cuerpo está en riesgo.

Cada órgano, sus problemas y sus peligros.

Sin embargo, la cercanía de los cuerpos desnudos

parece que da sosiego y vida.

Aún.

Poemas que continúan en poemas. Horas en horas.

Silentes, furtivas. Aniversarios acelerados.

Poemas del milagro del sentir que se está vivo,

a pesar del peso de los años

y el ciego devenir.

Aniversario. (Empezaba entonces una *vita nova,* los dos, a la vez.
Hasta que la muerte nos separara)

Ráfagas de sombras.
Calles solitarias. Borradores de melancolía.

Los libros leídos. Los párrafos marcados.

Aniversario. Muchos años,

de una vida que por momentos parece dispersa en épocas diferentes,

y duda ante otras, quizá pendientes o no, de vivir.

Es mayo. Siempre estarán los campos cubiertos de nuevas
amapolas.

"ENTRE MI DÓNDE Y MI CUANDO" (*)

> "había a menudo un obstáculo,
> que al empezar a hablar me detenía".
> *"Cosas Ocultas"* (Kavafis)

> *Para el Dr. J.F.R.*

1

Saliste de la debilidad,

saliste de la represión siempre presente, después sinuosa,

conseguiste que cayesen las cadenas de la culpa,

luchaste con la obsesión…

Escribiste sobre el amor,

versos cortos y largos,

sentiste el fluir de los sonetos,

bajo esa fascinación.

Y ahora, al cabo de cuantas, cuantas cosas, cuantas cosas,

después de volver de las caídas,

has estado varias veces tratando mano a mano

con la muerte, acerca de los fallecimientos de seres queridos,

de los trámites de enterrar, guardar sus cenizas…

Recuerdas haber vivido la "vida nueva" con los hijos

desde la cuna hasta que se iban haciendo mayores.

Después y muy después,

quieres aclarar, explicar, tu vida, tú poesía,

pero estás en medio de la confusión,

y sabes que deberás apañártelas.

O hablar con quien te entiende.

2

Estoy recordando a mis nietos,

el mayor con quince años hoy,

corría hace unos años entre las primeras olas de la mañana.

Después, le vi asomado a la ventana en el Instituto.

El otro, el pequeño que, ante un plato de espaguetis vacío, decía
ayer en el video,
"¡me estoy poniendo como el kiko, …bueno aguuur ama!"

3

Como te dijo M. a cerca de los poemas de Promesa de Fuga,

te salvas agarrándote fuerte a "la tabla de la nostalgia."

Sé que la poesía permite compartir,

"compartiendo viaje con tus emociones y vivencias,

sintiéndome parte de ellas"

4

Hay días en el infierno, con diablos conocidos, donde tienes

que volver a defender otra vez tu cordura ante ti mismo,

donde cualquier alteración te sentencia,

donde te despiertas con un pensamiento terrible

que si sucediese rompería tu existencia.

(Sólo el Dr. R te preguntó varias veces. "¿Y tú, cómo estás"?)

Argumentos, compromisos que te son tóxicos,

alejados del cariño y del amor que te llega al corazón,

que está en la cercanía de otro cuerpo,

que está en el reposo del estar juntos.

Y puede estar en la soledad querida.

5

La angustia puede extenderse como el covid en el que has dado
positivo.

Se puede añorar sin que te añoren,

se puede recordar sin que te recuerden,

se puede escribir sin que te lean,

(¿sabes quién te ha subrayado algún verso del último libro?

¿sabes quién ha releído en voz alta alguno de tus versos?),

se puede hablar sin que te atiendan,

siempre se puede querer, "sempre".

Lo has intentado decir escribiendo ese libro, "Promesa de fuga",

los rasgos de una crisis,

los dos años de contagios y fallecimientos cercanos,

el aneurisma, los amigos muertos o enfermos con los que ya no
                                                    puedes hablar.

Había que fugarse. Evitar la depresión para buscar la vida.

El significado del verso

"necesito tocarte para verte".

que cierra aquel libro, y tenía, su último sentido.

6

También la propia alteración o el agotamiento.

Cierra los ojos y pon atención en la fuerte lluvia

que lleva un rato cayendo.

Protégete a partir de mañana de lo que te sea tóxico.

Ingéniatelas para resolver la situación.

Ingéniatelas, busca recursos, respira de forma consciente.

Ingéniatelas, dispones de poderes auxiliadores,

no has perdido el gusto por lo bello, ni la percepción de lo
                                                extraordinario,
ni la sensación de bienestar en el reposo.

Puedes leer, escuchar música con los ojos cerrados.

M, me escribió que "para vivir se necesita ilusión

y gente que te quiera".

y yo añadí (B. me lo había dicho): "y ser capaz de querer"

y así nos pusimos aun más de acuerdo.

La vida, a cualquier edad, sigue llamando a la vida,

y el poema al poema.

7

Escucha sí, escucha, atiende

escucha más que nunca,

escucha más que nunca, sí,

pero intenta ser verdadero, no malgastes el entusiasmo,

no dudes de lo que sigues creyendo extraordinario,

y consigue salir, con serenidad,

sin tener que vender tu alma.

8

No es mi paseo ni mi poema

panchakármico.

L, no estoy preparado.

No busco vaciar la mente

en medio de la tribulación,

sino el consuelo.

(*) Cesar Vallejo. *"Trilce"*

AQUELLOS ERAMOS NOSOTROS

(I)

Un abrazo fuerte

respirando hondo y lento siempre.

El soplo poderoso

que siempre nos acompaña y nos alivia.

Parece ser que todo lo que nos afecta mucho y tanto

es porque nos identificamos con ello...

hablan de la "no identificación"...

ya me cuentas lo que descubres.

Leí las noticias frescas.

Ahora abro los poemas.

Un abrazo muy muy fuerte y recuerda

que esto es pasajero... todo cambia.

(II)

Día sencillo, simple y pausado,

nada previsto…

solo respirar lento y hondo.

Ahora empiezo el masaje, luego te leo.

Lo que creemos que es, no es.

solo tenemos una idea de lo que es.

… todo está ya aquí…

no hay nada que hacer…

lo tenemos todo desde el inicio…

(III) DIALOGO

WhatsApp

Hola, como amaneciste?

Copié, después, para ti:

 "El mundo iluminado

y yo despierta",

de Sor Maria Inés de la Cruz (monja y Poeta mexicana del Siglo de Oro):

(Es el final de su largo poema: "Un sueño")

Gracias, es precioso.

Otro regalo!! Este día

espléndido…

contemplando este día

que se vive por sí solo.

Es un regalo sí, la luz, como la describían los hindúes

cuando iba amaneciendo.

Extasiados en el éxtasis

ORAIN, ORAINGOAK
GERO, GEROKOAK (*)

> *"Trabajo cada día en mis poemas"*
>
> Palabras de Rafael Cárdenas, al comunicarle el premio Cervantes 2022.

> *Para G.M.*

Temo que si acabo el libro

también se acabe la vida.

La vida como la vivo,

la vida que siento mía.

Yo no lo veo posible

que yo deje de escribir

mientras me alcancen las fuerzas

y me reconozca a mí.

Mientras pueda, lo he de hacer

esté mejor o peor.

Aquellos que me conocen

conocen por qué razón.

Entendedme. A mi edad
es mi forma de seguir,
consciente de que al final
nos tendremos que rendir.

(*) Ahora, en el ahora.
   Luego, llegará luego.

ERA MI PADRE

A mi padre, con devoción.

¿Qué pensaría mi padre

en el momento que nos íbamos

y se quedaba solo?

¿Estaba más preocupado o ya más tranquilo?

Seguramente consciente de descansar

apartar las preocupaciones,

los problemas que no tenían solución,

poder dormir.

En los primeros tiempos,

sólo tenía las horas de la visita para su mujer.

Sin separarse de ella,

sin dejarla un solo momento.

A la noche, en el tren,

mi madre hizo recorridos sin dejar de llorar.

Más adelante, ya mayores,

íbamos en coche, a visitarle en sus cortas estancias.

Además de su mujer, su hijo, su nuera…

Pasábamos la tarde,

su familia.

¿Esperaría él que hubiésemos ido más a menudo?

No sé qué contestar.

Sí que recuerdo la primera vez. Le vi bajar del tren, en Atxuri,

después de casi un año de ausencia,

y caminar por el andén, con la maleta, de noche,

apuesto, mirando

hacia donde yo, todavía un niño, le estaba esperando…

Era mi padre.

DOBLADO EL CABO DE AÑO

Para el Dr. J.F.R.

Doblamos otra vez el cabo de año
esta vez sin la ruta definida,
atisbando en la estrella la medida
calculando los grados como antaño.

No sabemos lo que esto significa,
"un año más, quizá, no lo sabemos"
sopla el tiempo en las cosas que queremos,
sabemos de ese miedo lo que implica.

La ruta ya no es fácil, ni los hados,
ni las guerras, ni tantos sufrimientos
y todo nos parece naufragado.

Sostener el cariño y el cuidado,
sujetar el timón, los pensamientos,
"Apertas fortes y bicos enviados"

para el año que empieza y cada día,
salud, entendimiento y compañía.

189

EL AHORA DEL PRESENTE

Para J.L.

Oigo el ruido del mundo derrumbándose.

Sigo poniendo atención en el arroz con pollo,

vierto medio vaso más de agua.

He pasado por el Casco Viejo.

He vuelto por la calle que recorríamos tantas veces de noche.

Estuve en un acto conmemorativo de la figura

de tu hermano. 50 años. Entonces, su libro: "Los vientos favorables".

Hoy son otros vientos, vientos de desgracia, cruzados, desconocidos.

Vuelvo a pasar, solo, de noche. El Pasado aún está delante,

en los mismos cables que siguen cruzando hasta la farola.

Oigo el silbido del Tiempo

que se escapa por estas calles de Bilbao

como si fuera por las rendijas de la memoria.

El mundo está derrumbándose.

¿Quizá es esta nostalgia?

Quizá el peso de las sombras.

CORO DE SANTA ÁGUEDA

Te voy comentando.

De momento estoy con la nariz helada

y el calor del amor en mis ojos,

derritiéndola.

Lo que pienso, lo siento

y lo que siento, lo vivo.

Mucha atención en lo que pensamos.

Me ha inspirado también B. ahora,

... sonidos que salen de la nada

y vuelven al Todo.

EL DÍA DE HOY

Para B.

¿Qué día es hoy?

No sé.

Es mi niñez.

¿Qué día es hoy?

No sé. Estoy esperando

una llamada, un aviso, una comunicación.

Mientras tanto el hoy es una secreta y agónica espera.

¿Qué día es hoy?

Lo sé. Empieza una nueva vida,

un calendario que seguir juntos.

¿Qué día es hoy?

No lo sé. Mañana ya, quizá.

Acabas de morir

y el mundo y el tiempo

han quedado a un lado.

¿Qué día es hoy?

Hoy te veo, os veo, oigo vuestras voces,

mis hijos, mis nietos, los míos.

Hoy es siempre.

¿Qué día es hoy?

Escribo estas líneas.

Hoy es el día a partir del que la vida se acorta.

Pero también el de la cercanía, que ahora importa más,

y que uno siente con los que ama.

El de la necesidad de compartir y comprender.

El de agradecer la delicadeza.

El del abrazo.

Hoy es el día

que vuelvo a contemplar el mar

con la certeza que todo lo sucedido ha sucedido en mi vida,

que lo que vivo ahora también lo es,

como si el tiempo fuese estas olas

que siguen llegando con determinada cadencia.

¿Qué día es hoy?

Ya no importa.

Sé de aquellos que me han querido y aquellos que me quieren.

Sé a quienes quiero,

cerca o lejos de mí, vivos o muertos.

¿Qué día es hoy.? No importa. Es todo.

Mañana continua este momento,

porque el tiempo que queda

es para vivir, es para quererse, es para percibir

y compartir el día y el poema,

el que se escribe y el que no llega a escribirse,

y ésta es la hora en que la luz se amortigua.

Y luego la noche, que siempre nos acogió.

"HACÍA UNA NOCHE IDEAL"

Teníamos el iris azul

y nuestra mirada

se paseaba por el cielo en la suavidad de la noche.

Me acompañabas hasta la puerta.

Reconocía esa pausa en el entorno.

Todo era perfecto.

TERAPIA DEL DEVENIR

Para L.

Tenue luz anocheciendo,

luz boreal sobre el mar

que llega al techo azulado.

He abierto ahora los ojos

al gabinete hechizado.

Coincide con el masaje

la magia de ese momento.

Me enseñas a respirar,

la mano sobre mi pecho.

No hay que hacer ya nada más.

Todo es perfecto.

LA LIBERTAD, AHORA...

El pasado y sus condicionamientos existen.

Pero existen solo en el cuerpo o en el cerebro.

No existen en tu conciencia,

porque la conciencia no se puede condicionar.

La conciencia

se mantiene siempre libre...

La libertad es su cualidad más esencial,

la libertad es su naturaleza misma.

Ahora... de canela y naranja.

PARA SER VIVIDO

He releído algunos párrafos de Cioran,

que tenía subrayados en "La caída del Tiempo".

Me quedo pensando en dos puntos.

Cioran se cuestiona

¿hemos despojado al Presente de su dimensión eterna?

Esto es lo que se dice, de otra forma,

pero es lo mismo, en el Vedanta.

Cioran afirma

"Y es que el tiempo no está hecho para ser conocido

sino para ser "vivido".

Este Poema también.

No es otra cosa.

DESNUDO

Día de cielo despejado,

y de luz que alcanza el horizonte,

sin una sombra sobre este mar sagrado.

Todo parece eterno, aún la vida,

inmune el cuerpo,

salpicado por la espuma.

De niño jugaba en la arena,

ahora, con las manos en la espalda,

camino, desnudo, por el borde de la orilla,

por el borde de la vida, que ya no oculta nada.

La larga orilla, la desierta playa,

el mediodía, en la bajamar del tiempo,

en una realidad ya no esperada.

¿Qué más puede pasar ya?

Solo el tiempo.

Tiempo, tiempo.

Solo el devenir.

Es tarde.

No hay tiempo.

No es tarde.

No hay tiempo.

Quizá escribí demasiado…

poco.

Oh! Hablo ya desde otro tiempo, otro tiempo,

hacedme caso.

ANEXO I

Original de la Canción "LE VENT" de
Raymond Windholtz

LE VENT

LA FENETRE ENTR'OUVERTE

LAISSE PASSER LE VENT

ET C'EST LA DECOUVERTE

DE L'HISTOIRE DU TEMPS

DU TEMPS, DU TEMPS QUI PASSE

EMPORTE PAR LE VENT

JE SUIS SEUL A PRESENT ....LA ....

    SEUL, JE SUIS SEUL

    AVEC LE VENT

    SEUL, JE M'ENNUIE

    AVEC LA NUIT

LA FENETRE REGARDE

VERS UN CIEL TOUJOURS GRIS

ET LA PENDULE RETARDE

ELLE A PEUR DE LA NUIT

LA NUIT, LA NUIT D'ETE

QUI N'AURA PAS LE TEMPS

DE RESTER AU PRESENT ....LA

SEUL, JE SUIS SEUL

AVEC LE VENT

SEUL JE M'ENNUIE

AVEC LA NUIT

LE RIDEAU SE SOULEVE

CARESSE PAR LE VENT

DONT L'ODEUR ME RAPPELLE

UN PAYS DU LEVANT

LE VENT, LE VENT D'ESPAGNE

QUI ARRIVE JUSQU'A MOI

ET ME PARLE DE TOI ....LA

SEUL, JE SUIS SEUL

AVEC LE VENT

SEUL, JE M'ENNUIE

AVEC LA NUIT

Auteur Compositeur
WINDHOLTZ RAYMOND

AGRADECIMIENTOS

A Lydia Mayeur, que incorporó desinteresadamente todos sus textos, que están identificados en el libro como tales, y que yo agradezco, pues son el contrapunto al pensamiento de que el Tiempo nunca se detiene y nos arrastra.

Este libro no se entendería sin ella y sin ellos.

A Marina Perez, que impulsó la terminación de este libro. Si no hubiera sido así, no estaría hoy publicado.

También por sus correcciones al texto, y sus sugerencias para mejorarlo.

Y al tiempo dedicado por su parte, desde cerca y desde lejos, pero siempre.

A Begoña, mi mujer, por su lectura crítica, sus opiniones y su repaso a cualquier defecto gramatical.

Quiero agradecer también la lectura, comentarios reseñados al fondo y forma y correcciones, realizados por José Félix Fernandez de Aguirre, siempre perspicaz al todo y al detalle.